DU

PROGRÈS SOCIAL EN FRANCE

SOUS

NAPOLÉON III.

Niort. — Imprimerie de L. FAVRE et Cie.

DU
PROGRÈS SOCIAL EN FRANCE

SOUS

NAPOLÉON III,

Par SIMÉON LUCE,

Ancien Élève Pensionnaire de l'École impériale des Chartes,

Licencié ès lettres,

ARCHIVISTE DES DEUX-SÈVRES.

PARIS

CHEZ LESIGNE, LIBRAIRE,

Successeur de VIDECOQ,

rue Soufflot, 12.

1858

A MONSIEUR J. CORNUAU,

Secrétaire général du Ministère de l'Intérieur,
Président du Conseil général des Landes.

———

MONSIEUR LE SECRÉTAIRE GÉNÉRAL ,

En vous dédiant cet opuscule sur des matières qui sont l'objet quotidien, non-seulement de vos méditations, mais encore de vos actes administratifs, je n'ai certes pas la prétention de vous révéler des faits, de vous ouvrir des points de vue nouveaux. Mon seul but, mon unique désir serait de justifier, dans la faible mesure de mon pouvoir, la bienveillance que vous daignez me témoigner. Trop heureux, Monsieur, si je pouvais communiquer à mes lecteurs quelque chose de ce zèle qui vous anime pour le bien public, de ce dévouement éclairé que vous avez voué à l'Empereur et aux institutions impériales !

J'ai l'honneur d'être, avec respect ,

Monsieur le Secrétaire général ,

Votre dévoué et reconnaissant serviteur ,

SIMÉON LUCE.

Niort, 23 septembre 1858.

DU

PROGRÈS SOCIAL EN FRANCE

SOUS

NAPOLÉON III.

———◦———

Au milieu de l'indifférence générale et de l'anarchie intellectuelle dont notre époque souffre si cruellement, un noble sentiment vit pourtant au fond des âmes, il faut le reconnaître, et réunit comme dans une même communion la plupart des hommes éclairés de ce temps-ci, à quelque religion, à quelque pays, à quelque classe qu'ils appartiennent. Ce sentiment est l'amour, j'allais dire, la passion du progrès. Non-seulement nous partageons presque tous, à un degré ou à un autre, cette aspiration généreuse, mais encore nous mesurons notre sympathie, tant pour les gouvernements que pour les individus, selon qu'ils l'éprouvent et la secondent plus ou moins. La recherche du progrès est, à vrai dire, le premier devoir que nous imposons à tous les régimes, quels qu'ils soient, et leur meilleur titre de légitimité auprès de l'opinion : tout le reste, formes politiques, organisation des pouvoirs, mode d'administration, ne nous paraît offrir qu'un intérêt subordonné et secondaire.

L'Empereur Napoléon III, qui est entré si profondément dans l'esprit de son siècle, pouvait moins qu'aucun autre échapper à une tendance à ce point générale. Aussi, n'avons-nous pas la prétention d'apprendre quelque chose de nouveau à nos lecteurs en leur disant que le Chef du second Empire croit au progrès comme tous ses contemporains. L'Empereur actuel croit si bien à cette idée, que le plus important de ses ouvrages, les *Idées Napoléoniennes*, s'ouvre par la profession de foi la plus éclatante à cet égard (1). Mais ce qui, à notre sens, fait plus d'honneur à Napoléon III que cette croyance, si banale de notre temps, et souvent si peu éclairée, ce sont les restrictions, à la fois judicieuses et profondes, que l'auteur des *Idées Napoléoniennes* apporte à sa théorie du progrès. Le rationalisme moderne proclame, on le sait, que toute société, comme tout individu, tend d'elle-même et, pour ainsi dire, fatalement, vers un progrès indéfini : il en conclut qu'on ne saurait laisser trop libre carrière à toutes les tendances, à toutes les forces, tant individuelles que sociales, de quelque nature qu'elles soient ; en un mot, que le rôle de l'État se réduit, suivant une formule célèbre, à assurer le *laisser-passer* et le *laisser-faire*.

Toute autre, je dois le dire, est la doctrine napoléonienne. L'Empereur actuel pense, en effet, d'accord sur ce point avec la philosophie chrétienne et la théologie catholique, qu'il y a dans une société aussi bien que dans un individu deux natures, deux instincts : l'un bon, que le devoir du Gouvernement est d'encourager ; l'autre mauvais, que le Pouvoir a charge de réprimer et de combattre. « La vie des peuples, dit l'auteur des *Idées Napoléoniennes*, a deux natures et deux instincts : l'un divin, qui tend à nous perfectionner ; l'autre mortel, qui tend à nous corrompre (2). »

Plus loin, la même pensée reparaît sous une autre forme : « Les peuples ont tous quelque chose de commun, c'est le besoin de perfectionnement ; ils ont cha-

(1) Des *Idées Napoléoniennes*, tom. Ier des œuvres de Napoléon III, publiées par MM. Amyot et Plon, page 19-23.
(2) Ibid.

cun quelque chose de particulier , c'est le genre de malaise qui paralyse leurs efforts (1). »

Maintenant , quel est , dans sa notion précise, ce perfectionnement dont notre siècle éprouve le besoin, et dont il a mission de poursuivre sans relâche l'accomplissement ? C'est , au jugement de Napoléon III, l'amélioration intellectuelle et matérielle des classes les plus nombreuses , condition préalable de leur amélioration morale : « Aujourd'hui, écrivait ce prince en 1844, le but de tout gouvernement habile doit être de tendre, par des efforts, à ce qu'on puisse dire bientôt : le triomphe du christianisme a détruit l'esclavage ; le triomphe de la révolution française a détruit le servage ; le triomphe des idées démocratiques a détruit le paupérisme (2). » Quant au genre particulier de malaise qui menace en ce temps-ci l'avenir du progrès, l'Empereur actuel le voit et le fait surtout consister dans l'énervement des âmes et des caractères, dans l'égoïsme, le culte excessif des intérêts, et, pour tout dire d'un mot, dans le matérialisme (3).

Il suit de là que, suivant le Chef du second Empire, un bon gouvernement doit se proposer, de nos jours, un double but : d'une part, d'améliorer la condition intellectuelle et physique du plus grand nombre , car tel est le mode de progrès que ce siècle semble avoir reçu pour tâche de poursuivre et de réaliser ; de l'autre , de combattre et de prévenir, dans la mesure de son pouvoir et de ses légitimes attributions, le matérialisme sous toutes ses formes, car tel est le principal obstacle qui s'oppose présentement à la réalisation du progrès.

La première partie de ce travail sera consacrée à

(1) Des *Idées Napoléoniennes* , tome Ier des OEuvres de Napoléon III, pag. 19-23.

(2) Extinction du paupérisme , édition Amyot et Plon, tom. II, pag. 151.

(3) Voyez le début des *Idées Napoléoniennes* et l'allocution adressée par l'Empereur aux troupes, le 20 septembre 1853, tom. III des OEuvres complètes, pag. 370.

examiner si le Gouvernement de Napoléon III , fidèle
au programme dont les *Idées Napoléoniennes* viennent
de nous offrir l'expression. s'est efforcé d'améliorer
intellectuellement , matériellement et , par suite , mo-
ralement, le sort du plus grand nombre ; nous recher-
cherons ensuite, dans la seconde, si le Régime actuel,
conformément aux mêmes promesses , a combattu le
matérialisme.

I.

Il y a deux sortes de moyens d'améliorer le sort du
plus grand nombre : la raison commande de n'attendre
les uns que de la libre initiative et de l'énergie individuelles ; les autres, au contraire, peuvent , doivent
être poursuivis et réalisés par le Gouvernement.

Ce serait , en effet , une très grande erreur, comme
l'a fait judicieusement observer l'Empereur actuel , de
croire « qu'un gouvernement peut tout, et qu'il est de
l'essence d'un système quelconque de répondre à toutes
les exigences et de remédier à tous les maux (1). »
Cette fausse opinion, malheureusement trop répandue
de nos jours , et dans laquelle Napoléon III voit avec
raison un des plus grands dangers des temps mo-
dernes, a un nom tristement célèbre : elle s'appelle le
socialisme.

Les moyens d'améliorer la condition intellectuelle et
matérielle des classes laborieuses et nécessiteuses et,
par suite, leur condition morale , qui , suivant le Chef
du second Empire, incombent à l'État et rentrent plus
étroitement dans ses attributions , peuvent se ramener
aux huit chefs suivants.

(1) Discours adressé par le Prince-Président aux exposants
de l'Industrie, le 11 novembre 1849 , tom. III des Œuvres
complètes, pag. 119. — Voy. aussi le discours prononcé par
l'Empereur, à l'ouverture de la session du Corps législatif, le
16 février 1857.

1º Développement, encouragement de l'enseignement populaire, vulgarisation des saines idées économiques (1); 2º égalité devant la justice, assurée à tous les citoyens, non seulement quant aux droits, mais encore quant aux moyens de les faire valoir (2); 3º gouvernement, fort et juste à la fois, capable de faire naître et d'entretenir la confiance, mère du crédit, qui est lui-même le père du travail (3); 4º exécution de grands travaux d'utilité publique, qui permettent d'occuper provisoirement les bras qu'un progrès réalisé dans les moyens matériels de production et de fabrication, ou une crise subite, peut mettre et laisser pendant quelque temps sans ouvrage (4); facilités offertes à l'émigration et à la colonisation (5); 5º secours immédiats portés à toutes les misères pro-

(1) Des *Idées Napoléoniennes*, t. I des œuvres complètes, p. 82-93; – Message du Prince-Président à l'assemblée législative, 7 juin 1849, t. III, p. 66-68; – Message à l'assemblée législative du 12 novembre 1850, ib., p. 182-184; – Message à l'assemblée législative du 4 novembre 1851, ib., p. 243-246; – Discours adressés par le Prince-Président aux exposans de l'industrie, le 31 août 1849, ib., p. 105, le 11 novembre 1849, ib., p. 118 et 119; – Discours prononcé par l'Empereur à l'ouverture de la session du Corps législatif, le 16 février 1857.

(2) Messages à l'assemblée législative du 7 juin 1849, t. III, p. 81 et 82; du 12 novembre 1850, ib., p. 181 et 182; du 4 novembre 1851, ib., p. 242 et 243.

(3) Discours prononcé par le Prince-Président le 7 avril 1850, à l'ouverture de la session du conseil général de l'agriculture, du commerce et des manufactures, t. III, p. 129; – Message à l'assemblée législative du 7 juin 1849, ib., p. 45.

(4) *Extinction du Paupérisme*, t. II des œuvres, p. 128 et 129; – Messages à l'assemblée législative du 7 juin 1849, t. III, p. 62-65; du 12 novembre 1850, ib., p. 169-173; du 4 novembre 1851, ib., p. 223, 224 et 231 à 235; – Discours prononcé par l'Empereur à l'ouverture de la session du Corps législatif, le 16 février 1857.

(5) Voy. t. II des Œuvres, p. 7, p. 134, 135 et 136; – t. III, p. 50 et 51, p. 185, 186 et 187, p. 247, 248 et 249.

duites par des fléaux et des désastres naturels (1) ;
6° développement, encouragement des habitudes d'é-
pargne et d'assistance réciproque parmi les classes laborieuses, par le patronage accordé aux caisses d'é-
pargne, des retraites pour la vieillesse, et surtout aux
sociétés de secours mutuels (2) ; 7° promulgation de
toutes les lois que réclame l'hygiène, et auxquelles
peuvent donner lieu l'insalubrité des logemens d'ouvriers, la durée excessive du travail dans les manufactures, le travail des enfans (3), etc.; 8° fondation
d'asiles charitables ouverts à tous les indigens que
l'âge, la maladie ou les infirmités mettent hors d'état
de travailler (4).

Rechercher si Napoléon III s'est montré sur tous
ces points conséquent avec lui-même, et si l'Empereur
tout-puissant a mis en usage les mesures d'amélioration et de progrès social dont le penseur a toujours
considéré l'application comme un devoir rigoureux de
l'Etat : tel est l'objet de cette étude.

Parmi les moyens d'améliorer le sort des classes
laborieuses et nécessiteuses, que Napoléon III a pré-
conisés dans ses ouvrages, nous avons placé tout-à-
l'heure en première ligne l'encouragement et le développement de l'instruction primaire. L'Empereur actuel s'est souvenu sur le trône des idées qu'il avait
exprimées jadis à ce sujet. Il a compris qu'appelant,

(1) Discours prononcés par l'Empereur à l'ouverture des
sessions du Corps législatif de 1856, 1857 et 1858.

(2) Message à l'assemblée législative du 7 juin 1849, t. III
des œuvres, p. 81 ; – Discours prononcé par le Prince-Président, le 7 avril 1850, à l'ouverture de la session du conseil
général de l'agriculture, ib. p., 129 et 130, et à Lyon, le
16 août suivant, à l'occasion de l'inauguration de la caisse
de secours mutuels et de retraite pour les ouvriers en soie,
ib., p. 144 et 145 ; – Message du 12 novembre 1850, p. 160,
179 et 180 ; – Message du 4 novembre 1851, p. 237 et 238.

(3) Analyse de la question des sucres, t. II des Œuvres,
p. 209-214 ; extinction du paupérisme, ib., p. 149-151,
112, 113 ; t. III, p. 131, 132, 136, 343 et 344.

(4) Messages à l'assemblée législative cités plus haut.

en vertu du suffrage universel, principe fondamental de la constitution, tous les citoyens indistinctement à l'exercice des droits politiques, c'était pour le second Empire, plus encore que pour tout autre régime, une obligation impérieuse d'éclairer les masses.

L'organisation sérieuse de l'enseignement primaire, en France, ne date véritablement que de la loi du 28 juin 1833. Cette loi proclamait, pour la première fois, l'obligation imposée à toutes les communes d'entretenir au moins une école primaire où les enfans des familles pauvres seraient admis gratuitement ; et, en cas d'insuffisance des ressources de la commune, elle associait le trésor public aux charges résultant de cette obligation. Malheureusement, une mesure aussi philantropique ne reçut qu'une application très imparfaite pendant toute la durée du Pouvoir auquel appartient l'honneur de l'avoir promulguée ; et l'on peut affirmer que le second Empire seul lui a fait porter tous ses fruits. Qu'on en juge par les chiffres suivans.

En 1848, les dépenses de l'instruction primaire à la charge de l'Etat étaient de 3,461,886 fr. En 1855, ces mêmes dépenses s'élevaient à 5,029,974 fr.

En 1833, sur 37,000 communes, 27,000 au moins étaient sans maisons d'école. Aujourd'hui 23,000 communes possèdent des maisons d'école.

Même après la loi du 28 juin 1833, 7,000 instituteurs n'arrivaient pas à 500 fr. de traitement, 7,501 à 400 fr., et 3,554 à 300 fr.

La loi du 15 mars 1850 a fixé à 600 fr. le traitement minimum des instituteurs communaux. Cette loi a décidé en outre que toute commune de 800 âmes de population et au-dessus serait tenue d'avoir au moins une école de filles.

Un décret du 24 mars 1851 a établi que le programme de l'enseignement, dans les écoles normales primaires, comprendrait, outre ce qui était déjà prescrit par la loi du 15 mars 1850, des instructions élémentaires sur la gymnastique, l'agriculture, l'industrie, l'hygiène et l'économie politique.

L'article 5 d'un décret du 31 décembre 1853 porte que, sur la proposition du recteur de chaque Académie, une allocation supplémentaire peut être accordée par le ministre de l'instruction publique aux instituteurs communaux qui l'auront méritée par leurs bons services. Cette allocation est calculée de manière à élever à 700 fr., après cinq ans, et à 800 fr , après dix ans, le revenu scolaire ; elle peut être annuellement renouvelée, si l'instituteur continue à s'en rendre digne.

En vertu du même décret, les aspirans instituteurs sont assujétis à un stage de trois années, pendant lequel ils exercent en qualité d'instituteurs suppléans de 1re et de 2e classe : les premiers reçoivent un traitement de 500 fr. , les seconds , de 400 fr. Ce traitement , évidemment insuffisant , sera élevé , dans le budget de 1858, de 400 à 500 fr., et de 500 à 600 fr. C'est l'Empereur lui-même qui , dans le discours prononcé cette année à l'ouverture de la session du Corps législatif, nous a apporté cette bonne nouvelle.

L'Impératrice Eugénie, cette gracieuse et digne compagne de Napoléon III , que son inépuisable charité a rendue si populaire, a voulu s'associer elle aussi à cette grande et belle œuvre de la propagation de l'enseignement élémentaire parmi les classes laborieuses. On sait que le conseil municipal de Paris avait voté une somme de 600,000 francs pour l'achat d'une parure en diamans , dont la ville voulait faire hommage à la future Impératrice. Celle-ci refusa et exprima par une lettre adressée au préfet de la Seine , en date du 28 janvier 1853, le désir que cette somme fût employée en actes de charité. Pour se conformer à ce vœu, le conseil municipal décida que les 600,000 francs seraient employés à la fondation d'un établissement où de jeunes filles pauvres recevraient une éducation professionnelle , et d'où elles ne sortiraient que pour être convenablement placées. Cet établissement est placé sous la protection de l'Impératrice, dont il porte le nom auguste.

Telle est la série des mesures prises par le gouvernement de Napoléon III en faveur de l'enseignement populaire. Elle est une preuve irrécusable de l'extrême

sollicitude que le régime actuel porte à ce genre d'intérêts, le plus grave, le plus progressif et le plus vital
de tous.

Engagé dans une aussi bonne voie, le second Empire
ne voudra pas rester en arrière des autres pays, de
l'Union américaine, par exemple, où l'enseignement
primaire a reçu un développement que nous n'avons
pas encore égalé. En 1841, le fonds général des écoles,
pour le seul Etat de New-York, s'élevait à 30 millions
de francs (1). En France, même aujourd'hui, l'enseignement primaire ne figure au budget que pour une
somme de 25 millions 980,000 francs, sur lesquels
5 millions 737,765 fr. seulement sont fournis par
l'Etat. Espérons que la situation de plus en plus pros-
père de nos finances permettra, dans un avenir prochain, au gouvernement de Napoléon III d'égaler sur
ce point, sinon de dépasser les États-Unis.

La justice est une dette de l'Etat au même titre que
l'enseignement élémentaire, elle doit donc être gratuite.
Or, chacun sait qu'en France elle se trouve environnée
de formalités onéreuses qui en rendent l'accès difficile,
sinon impossible aux citoyens pauvres et ignorans. Il
serait peu équitable, néanmoins, que l'humilité de leur
condition mît ceux-ci hors d'état de faire valoir leurs
droits. Pénétré de cette pensée, le gouvernement de
Napoléon III a rendu la loi du 22 janvier 1851 sur
l'assistance judiciaire, En vertu de cette loi, l'assistance
judiciaire est accordée aux indigens en matière civile
et en matière criminelle et correctionnelle. L'assisté
est dispensé provisoirement du paiement des sommes
dues au Tresor pour droits de timbre, d'enregistrement
et de greffe, ainsi que de toute consignation d'amende.
Il est aussi dispensé du paiement des sommes dues aux
greffiers, aux officiers ministériels et aux avocats, pour
droits, émolumens et honoraires. Rendue sous la même
inspiration que cette grande mesure du 22 janvier

(1) Major Poussin, *De la Puissance américaine*, p. 28, 29,
259. Comparez l'intéressant ouvrage de M. Jourdain sur le
Budget de l'Instruction publique, p. 286 et 322.

1851 qui a organisé l'assistance judiciaire , la loi du 2
mai 1855 sur les justices de paix a eu pour but, en
étendant la compétence de ces tribunaux, de diminuer
les frais des parties.

Autant l'esprit et le cœur de l'ouvrier réclament im-
périeusement une culture intellectuelle, ainsi que la
distribution de la justice dans d'égales conditions pour
tous, autant ses bras ont un besoin pressant de travail.
Mais le travail vit de crédit, c'est-à-dire, de confiance.
Il suit de là qu'un des moyens les plus efficaces qui
soient au pouvoir de l'Etat d'améliorer le sort des classes
laborieuses , consiste à faire naître , à développer et à
accroître sans mesure la confiance publique. Supposez
un instant que cette confiance vienne à disparaître , et
aussitôt le crédit disparaît avec elle, entraînant dans sa
ruine l'industrie , l'activité dont il est le nerf. Qu'ar-
rive-t-il alors ? C'est que le travail étant plus offert que
demandé, il résulte de ce défaut d'équilibre entre l'offre
et la demande une baisse des salaires et quelquefois
une inaction forcée qui plongent l'ouvrier dans la dé-
tresse. S'il en est ainsi, quel gouvernement pourrait se
dire en mesure de conjurer une aussi redoutable éven-
tualité plus sûrement que le régime actuel, qui , forcé
par les dépenses d'une guerre entreprise au nom du
droit et da la justice, de faire appel à la nation , a vu
celle-ci souscrire, avec un empressement véritablement
inouï , pour une somme double , triple de celle qui lui
était demandée, et offrir à l'Etat plus de trois milliards,
lorsque le total des emprunts ouverts n'était que de
quinze cents millions ? On est donc en droit d'affirmer
qu'à aucune époque, en France, et sous aucun régime,
la confiance n'a été plus grande que sous le gouvernement actuel. Aussi le travail n'a-t-il jamais été plus
demandé ; aussi n'a-t-il jamais reçu un prix plus ré-
munérateur.

L'examen de la part contributive de l'Etat et des
Compagnies dans la construction des chemins de fer
français nous fournit une preuve non moins éclatante
de la progression de la confiance publique.

De 1848 au mois de décembre 1851 , lorsque les

préoccupations politiques tarissent les sources du crédit, les dépenses annuelles des compagnies s'abaissent en moyenne à 50 millions, et les sacrifices de l'Etat s'élèvent à 75 millions par an. Mais, à partir de 1852, alors qu'une légitime confiance renaît et que des institutions nouvelles viennent rendre à la France la sécurité et la foi dans l'avenir, les rôles se transforment. Les dépenses annuelles des Compagnies croissent dans une proportion remarquable et s'élèvent en moyenne au chiffre de 216 millions. Les sacrifices du Trésor diminuent non moins rapidement et se réduisent annuellement à 17 millions, compensation faite des remboursemens effectués par les Compagnies en vertu de conventions nouvelles.

Enfin, sous l'action incessante du crédit et de la prospérité générale, les dépenses des compagnies atteignent, en 1855, 430 millions, et en 1856, 458 millions, pendant que celles de l'Etat, déduction faite des remboursemens, ne sont pour ces deux années que de 30 millions (1). D'aussi prodigieuses avances, faites par le pays, alors qu'il avait à soutenir le triple fardeau de la guerre, de la disette et des inondations, démontrent plus éloquemment que tous les discours combien la société française a confiance dans l'avenir sous le Gouvernement prépondérant et pacifique, fort et impartial, tutélaire et progressif, de Napoléon III (2).

Toutefois, il peut survenir dans le monde une crise financière, commerciale ou monétaire, dont le contre-coup, se faisant sentir en France, y produise soudain le ralentissement du travail et le chômage, en dépit de l'excellente tenue du Gouvernement et de la confiance générale qu'il inspire. Il y a plus. Le chômage et la misère qu'il engendre au sein des classes laborieuses

(1) Extrait du rapport adressé à l'Empereur par le ministre des travaux publics, le 30 novembre 1856.

(2) Une loi sur les patentes doit être soumise au Corps législatif dans le cours de la session de 1858, qui, complétant l'article 4 de la loi du 18 mai 1850, décharge de tous droits les ouvriers sur commande travaillant seuls en chambre et affranchit ainsi de l'impôt 140,000 contribuables.

peuvent résulter des conquêtes du progrès lui-même.
L'invention et l'emploi des machines constituent assurément l'une de ces conquêtes. Grâce à ces appareils
perfectionnés, on parvient à obtenir chaque unité de
produit, en dépensant moins de travail humain, et
c'est en cela que consiste toujours, en dernière analyse,
le progrès dans la production. Grâce aux machines encore, on peut acheter à plus bas prix qu'auparavant
des objets d'égale valeur, et c'est en cela que réside le
progrès dans la consommation. Les machines profitent
donc à la fois aux producteurs et aux consommateurs
qui ne sont pas ouvriers, sans faire acheter ni aux uns
ni aux autres le bénéfice qu'elles procurent par aucune
perte. Elles profitent aussi sur-le-champ et dans la
même mesure aux ouvriers, en tant que consommateurs. Mais en revanche elles leur causent temporaire-
ment un préjudice considérable en tant que travailleurs ;
car, si elles ont presque toujours pour effet plus ou
moins prochain de multiplier le travail, elles ne font
d'abord, il faut en convenir, que le remplacer (3). De
là naît en grande partie le paupérisme, cet affreux revers de la brillante médaille du progrès moderne. Le
paupérisme en effet, qu'on le sache bien, est dû plus
encore à une irrégularité qu'à un déficit dans la répartition de la richesse ; il tient beaucoup moins à l'insuffisance des salaires qu'à leur intermittence et à ces
brusques mouvemens de bascule qui font subitement
baisser leur niveau.

Quoi qu'il en soit, toute crise, qu'elle provienne
d'un perfectionnement introduit dans les instrumens
matériels de la production ou d'une autre cause quelconque, apportant une perturbation profonde dans la
situation du travailleur, a le plus souvent pour conséquence d'obliger celui-ci à changer de métier ou à
déserter le pays. Mais ce n'est pas en un jour qu'un
ouvrier se résigne à quitter la profession de son choix

(3) Ces considérations économiques ont été admirablement
présentées par l'Empereur dans le discours prononcé à l'ouverture de la session du Corps Législatif, le 16 février 1857.

pour prendre un autre métier qui nécessite un nouvel apprentissage ; ce n'est pas en un jour surtout qu'il consent à dire adieu à la terre paternelle et natale pour aller à la recherche de l'inconnu sur un sol étranger et lointain. Que d'hésitations, que de tâtonnemens, que d'essais en tous sens, tour à tour entrepris et abandonnés, que de chômage, en un mot, avant qu'un ouvrier veuille ou puisse se résoudre à ces partis extrêmes! Qui fera vivre cet infortuné, qui fera vivre sa famille pendant cette inévitable et douloureuse période de transition, si l'Etat, venant à son secours, ne l'occupe à l'exécution de travaux d'utilité publique, qui permettent à ce travailleur ainsi momentanément déclassé, d'aviser, de se reconnaître, de se retourner, comme on dit vulgairement, en attendant qu'il ait trouvé le moyen de rentrer dans l'industrie privée ou de passer dans un autre pays?

Ce devoir que la charité chrétienne et l'intérêt bien entendu de la société imposent, quoi qu'on en dise, à l'Etat, nul Gouvernement ne l'a mieux rempli et ne l'a plus judicieusement utilisé dans l'application que le Pouvoir actuel. Aussi bien, les rudes épreuves de ces dernières années, la guerre, la disette, les inondations, la crise financière lui faisaient-ils de l'accomplissement de cette obligation une nécessité plus que jamais impérieuse. Que fût-il arrivé, je le demande, dans ces derniers temps où deux fléaux également terribles, le chômage et la disette, ont sévi à la fois parmi les travailleurs, si l'Etat ne s'était empressé de venir à leur secours, en les occupant à des ouvrages d'intérêt général. Aussi que de grands travaux d'utilité publique, je ne dis pas entrepris, mais exécutés en grande partie dans ce but, soit à Paris, soit dans les départements. Le second Empire a achevé en cinq années le nouveau Louvre « cette œuvre monarchique que vingt règnes n'avaient pu finir »; il a fait bâtir les églises de Sainte-Clotilde et de Saint-Eugène; il a terminé le tombeau de l'Empereur Napoléon; il a pris sous son patronage la construction du Palais de l'Industrie aux Champs-Elysées; il a prolongé la rue de Rivoli; il a ouvert les

boulevards du Nord, du Trône, de Saint-Marcel, du
Faubourg Saint-Germain, de l'Alma et de Sébastopol;
il a restauré les bassins de Versailles et de Saint-Cloud,
les salons du Louvre, la bibliothèque Sainte-Geneviève
et la Bibliothèque impériale ; il a agrandi l'Ecole militaire ; il a érigé les casernes Napoléon et du Château-
d'Eau, l'hôtel du Timbre et les Halles centrales « ce
Louvre du peuple » : il a transformé, comme par une
puissance féerique, les bois de Boulogne et de Vincennes en des parcs enchanteurs, où tout Paris peut
aller, les dimanches, s'inonder d'air pur et de lumière.

Enfin, le Régime actuel, dans l'unique but d'occuper
les classes ouvrières, soit des villes, soit des campagnes,
a alloué, par des décrets successifs, des subventions
aux travaux d'utilité communale : 4 millions, le 22
novembre 1853 ; 2 millions, le 1er février 1854 ; 2 mi-
lions, le 26 février 1854 ; 5 millions, le 20 décembre 1854 ; 10 millions, le 22 septembre 1855 ; 3 millions, le 28 décembre 1856 ; 1 million, le 11 décembre 1857.

Outre l'exécution de grands travaux à l'intérieur, un
autre moyen s'offre encore à l'Etat de porter secours à
des travailleurs réduits par une crise à une inaction funeste et mortelle, c'est de les employer à la colonisation
de nos grandes possessions d'outre-mer, de l'Algérie,
par exemple. Le Gouvernement de Napoléon III, il faut
lui rendre cette justice, n'a pas plus négligé ce dernier
moyen que le précédent : il a saisi avec empressement
toutes les occasions qui se sont présentées de favoriser
l'introduction aux colonies des ouvriers français et
même étrangers, que le chômage ou une autre cause
poussait à s'expatrier. Quatre décrets, en date des
13 février et 27 mars 1852, et des 15 janvier et
28 avril 1855, sont venus témoigner de la solli-
tude du Gouvernement pour les intérêts des émigrants,
en réglementant les conditions de l'émigration. Dès
1849, un crédit de 100,000 fr. avait été ouvert, au
département de la marine, pour favoriser, à titre
d'essai, l'introduction aux colonies de travailleurs eu-
ropéens. Au mois de mars de la même année, le mi-

nistre de la guerre décidait l'envoi immédiat en Algérie de 400 colons, dont 200 pris à Paris et 200 à Lyon. Une loi du 19 mai suivant ouvrait un crédit de 5 millions consacré à ces colonies agricoles : la répartition et l'affectation de ce crédit furent réglées par une loi du 20 juillet 1850. Un nouveau crédit de 300,000 fr. était ouvert au ministre de la guerre par une loi du 10 juillet 1851, sur l'exercice courant, à l'effet de pourvoir à la continuation des colonies agricoles commencées, en 1849, en Algérie. Par décret du 8 décembre de la même année, un crédit spécial de 12 millions de francs était imputé sur les ressources du budget de la guerre, pour les dépenses des colonies agricoles en 1852. Un décret du 26 avril 1851 et une loi du 16 juin suivant, en facilitant les concessions, en les rendant plus avantageuses aux concessionnaires, en constituant la propriété sur des bases plus solides, ont eu pour but de donner une nouvelle impulsion à la colonisation algérienne. Enfin, un décret du 26 janvier 1856 a ouvert, sur l'exercice de cette même année, un crédit de 80,000 fr. pour les dépenses du service de l'émigration européenne (1).

Assurément, les dispositions législatives que nous venons de rappeler ne laissent aucun doute sur la sympathie du Gouvernement pour la grande œuvre de la colonisation algérienne ; à ce titre, elles méritent les plus grands éloges. Toutefois, nous ne voulons y voir qu'une promesse et un gage des mesures bien autrement importantes et décisives que nous croyons le Pouvoir actuel disposé à prendre, sitôt que la diminution de certaines dépenses et l'augmentation des revenus publics auront mis à sa disposition des fonds suffisants. Quand ce moment sera venu, quand le second Empire pourra enfin donner à la colonisation al-

(1) La loi du 30 mai 1854 a assuré un nouvel élément de succès à cette grande œuvre de l'assimilation de nos possessions d'outre-mer, en décidant qu'à l'avenir les condamnés aux travaux forcés seraient employés aux travaux les plus pénibles de la colonisation.

gérienne des encouragements proportionnés à son importance, et voter à cette fin chaque année une subvention de plusieurs millions, de tels avantages auront certainement pour effet immédiat d'attirer en Algérie les victimes plus ou moins nombreuses que le paupérisme, en dépit des efforts de l'Etat, continuera de faire chez nous, à l'avenir comme par le passé : le fléau de la misère se trouvera ainsi périodiquement conjuré au sein de notre belle France, avant d'avoir eu le temps d'y exercer ses ravages. Ne sera-ce pas d'ailleurs le plus sûr moyen de fournir perpétuellement une prudente issue à l'activité inquiète et haletante de ces esprits aventureux, dont l'énergie, si on n'avait pas soin de lui ménager un aliment et une distraction de ce genre, serait un danger permanent pour l'ordre public et la tranquillité sociale ? J'ajoute que, déjà maîtres du Sénégal, de Bourbon et d'une partie de Madagascar, assurés en outre plus que jamais de la prépondérance maritime et commerciale dans la Méditerranée par le percement prochain de l'isthme de Suez, nous pourrons espérer, grace à ce système de colonisation pratiqué sur une grande échelle, de conquérir, avec le temps, à la civilisation et à l'ascendant de notre race, non seulement l'Algérie, mais encore la plus grande partie de l'Afrique. Ainsi donc, l'extinction périodique du paupérisme, la pacification des esprits, la colonisation algérienne, prélude de l'extension de la civilisation française dans l'Afrique tout entière : tels seraient les résultats, à la fois grandioses et utiles, de l'œuvre que nous appelons de nos vœux les plus ardens. Quel immense honneur rejaillirait sur le Régime qui saurait les obtenir, sinon entièrement, du moins en partie ! Puisse l'appât d'une telle gloire tenter de plus en plus à l'avenir le Gouvernement de Napoléon III, si digne de ressentir une aussi noble ambition, si capable de la justifier par un plein succès (1) !

(1) Un ministère de l'Algérie et des Colonies a été créé par décret du 11 juin 1858. L'Empereur, pour montrer toute l'importance qu'il attachait à cette création, a mis à la tête

Eu même temps que le second Empire s'efforçait de conjurer les terribles résultats des crises du travail, soit par l'organisation de grands travaux à l'intérieur, soit par des encouragements accordés à l'émigration et à la colonisation, il ne venait pas avec moins de zèle au secours des misères produites par des fléaux et des désastres naturels.

Un décret du 27 août 1851 a élevé à 7 1/2 % la proportion de 5 % fixée pour la répartition des secours pour pertes résultant d'orages, de grêle et d'inondation.

Le 28 février 1850, un ouragan, suivi d'une inondation, avait sévi dans l'île de la Réunion, et y avait exercé des dégâts considérables : trois lois du 3 juin et du 7 août 1850, du 12 juillet 1851, ouvrent, pour réparer ces désastres, des crédits de 100,000, de 79,330, et de 170,000 fr.

Aux mois de mai, de juin et de juillet 1856, une terrible inondation vient désoler les bords de la Loire et du Rhône, alors que Paris est tout entier aux préparatifs du baptême solennel du Prince Impérial. L'Empereur s'arrache sans regret à ces apprêts de fête pour voler au secours des victimes ; il voyage sans escorte à travers les malheureuses populations que le fléau a frappées ; il se fait, en quelque sorte, la Providence de ces affligés, qu'il rassure par sa présence, qu'il console par ses promesses, ses douces paroles et sa compatissante douleur. Il signale en tous lieux son passage par des bienfaits, ou plutôt il répand partout autour de lui son or à pleines mains. C'est ainsi qu'il remet au sénateur chargé de l'administration du Rhône une somme de 100,000 fr. prise sur sa cassette particulière, et qu'il adresse 25,000 fr. au préfet de l'Isère, pour les inondés de ces deux départemens. C'est ainsi qu'il envoie, pour le même objet, et de la même source, 7,000 fr. au sous-préfet de Tournon, 10,000 fr. à Vienne, 2,000 fr. aux Roches de Cen-

du nouveau département ministériel, S. A. I. le Prince Napoléon. Les vœux exprimés ici ont donc obtenu pleine et entière satisfaction.

drieu, 2,000 fr. à Tournon, 5,000 fr. à Tain, 20,000 fr. au préfet de la Drôme, 20,000 fr. à Valence, 4,000 fr. à Montélimart et 4,000 fr. à La Palud. Pour parer aux mêmes désastres sur les bords de la Loire, l'Empereur remet 20,000 fr. au préfet du Loiret, 5,000 fr. au maire de Beaugency, 20,000 fr. au préfet de Loir-et-Cher, 50,000 fr. au préfet d'Indre-et Loire et 50,000 fr. au préfet de Maine-et Loire. L'Impératrice Eugénie, de son côté, non moins émue que son auguste époux de tant de misères, exprime au ministre de l'intérieur le désir qu'une souscription soit ouverte immédiatement pour les soulager, et souscrit elle même en faveur des victimes de l'inondation, pour la somme de 20,000 fr. en son nom, et de 10,000 fr. au nom du Prince Impérial.

Enfin, l'Empereur fait voter, par deux lois des 7 juin et 10 juillet 1856, des crédits de 12 millions pour secours aux inondés.

Si un gouvernement est digne des plus grands éloges quand il s'efforce ainsi, soit d'atténuer les terribles effets du chômage, soit de réparer les désastres causés par des fléaux naturels, il n'en est pas moins vrai que les travailleurs ne doivent rien négliger, de leur côté, pour arriver à se suffire à eux-mêmes, sans être obligés d'appeler l'Etat à leur secours. Ils peuvent obtenir ce résultat, parvenir à cette fin, par deux moyens principaux : d'abord, en faisant des économies, alors que les salaires sont élevés, afin de n'être pas sans ressources lorsque surviennent des périodes de baisse et de chômage ; puis, en s'associant avec leurs maîtres et patrons dans un but d'assistance réciproque. De là vient qu'un Pouvoir, ami du progrès, ne saurait trop favoriser et répandre toutes les institutions qui se proposent cet objet, telles que les caisses d'épargnes, de retraite pour la vieillesse et surtout les Sociétés de secours mutuels. Ici encore force est de reconnaître que le Gouvernement de Napoléon III a dignement répondu à sa mission.

Un décret du 9 avril 1850 a reconnu comme établissement d'utilité publique la caisse de retraite fondée à Lyon pour les ouvriers et employés de la fabrique de soie de Lyon et des communes suburbaines.

Des livrets de la Caisse d'épargne sont distribués chaque année, au nom de l'Empereur et de l'Impératrice, aux ouvriers qui ont suivi avec le plus d'assiduité et de succès les cours gratuits des associations philotechnique et polytechnique (1).

Enfin, la loi organique du 18 juin 1850 a créé, sous la garantie de l'Etat, une Caisse de Retraites ou rentes viagères pour la vieillesse. Il a été pourvu aux dépenses nécessaires à l'exécution de cette loi par une seconde loi du 13 novembre de la même année, qui a ouvert à cette fin un crédit de 400,000 francs.

Toutefois, la mesure la plus considérable que le Régime napoléonien ait prise dans cette voie, celle qui est destinée à exercer l'influence la plus heureuse et la plus efficace sur le développement des habitudes d'économie et de prévoyance parmi les classes laborieuses, c'est sans contredit la loi du 15 juillet 1850 sur les *Sociétés de secours mutuels* pour l'amélioration du sort de la classe laborieuse. Cette loi est la première qui ait fait une position vraiment officielle à ces associations, en reconnaissant qu'elles pourront, sur leur demande, être déclarées établissements d'utilité publique. Elle déclare, en outre, que ces sociétés ont pour but d'assurer des secours temporaires aux sociétaires malades, blessés ou infirmes, et de pourvoir à leurs frais funéraires.

Un décret du 22 janvier 1852 a attribué une subvention de 10 millions, prise sur les fonds de l'Etat, aux sociétés de secours mutuels. Quel témoignage plus décisif pourrait-on invoquer de la profonde sollicitude du Gouvernement de Napoléon III pour ces institutions !

Assurer du travail aux ouvriers victimes du chô-

(1) Voyez le remarquable discours, prononcé par S. Exc. M. Rouland, au commencement de cette année, dans la séance solennelle de la distribution des prix de ces deux Associations.

mage et créer des institutions destinées à féconder et à mettre en réserve pour l'avenir l'excédant du taux normal des salaires, c'était déjà un immense service rendu aux classes laborieuses. Mais un Gouvernement aussi essentiellement progressif que celui de Napoléon III n'a eu garde de s'arrêter en si beau chemin : il a pensé qu'il n'avait rien fait tant-qu'il lui restait encore quelque chose à faire. Si le travail est une question de vie ou de mort pour l'ouvrier, la santé ne lui est pas moins nécessaire, car elle est elle-même la condition du travail. Aussi le Pouvoir actuel, non content d'avoir assuré du travail aux classes laborieuses, a-t il voulu protéger en outre leur santé contre toutes les influences qui peuvent y porter atteinte, tant au point de vue de la nourriture que du vêtement, du logement, de la durée du travail et de l'âge requis pour y prendre part.

En ce qui touche la nourriture, qui ne connaît ces fourneaux économiques que l'Empereur a fait établir dans tous les quartiers de nos principales villes, et qui sont destinés à livrer aux indigents, à prix réduit, du bouillon et de la viande de bonne qualité ? Qui ne sait que, sans parler des conseils de salubrité ordinaires, un comité consultatif d'hygiène, institué près le ministère de l'agriculture par décret du 23 octobre 1856, a été chargé de surveiller avec l'attention la plus sévère et dans tous ses détails l'alimentation publique? Tout récemment encore, ce décret du 24 février 1858, qui, en abolissant le monopole de la boucherie parisienne, sert à la fois les intérêts des producteurs et ceux des consommateurs, ne doit-il pas avoir pour effet de rendre moins coûteuse et meilleure une partie importante de la nourriture des ouvriers de la capitale ?

Après l'alimentation, une cause qui, bien que minime en apparence, n'est pourtant pas sans influence sur la santé, c'est la propreté et la bonne tenue de l'habillement. Il importait donc de prendre toutes les mesures propres à rendre plus facile à l'ouvrier l'observation de cette règle d'hygiène qui est presque une vertu. C'est afin de pourvoir à ce besoin que, dès le 17 novembre

1849, le Prince-Président institua, par un décret, une commission pour l'examen et l'étude des moyens de créer à Paris et dans les grands centres de population des lavoirs et des bains publics gratuits, avec le concours de l'Etat, des départements, des communes et des particuliers.

Bientôt une loi du 3 février 1851 ouvrit un crédit extraordinaire de 600,000 francs, destiné à encourager la création d'établissements modèles pour bains et lavoirs publics gratuits ou à prix réduits.

Enfin, un décret du 3 janvier 1852 rapporta l'une des dispositions de la loi précédente qui limitait à 20,000 francs le maximum de chaque subvention, et interdisait d'encourager plus d'un établissement par commune.

Si la propreté mérite d'occuper une place parmi les causes plus ou moins accessoires et secondaires qui conservent la santé, personne n'ignore qu'à ce point de vue le degré de salubrité du logement est un élément plus important encore. Ici, le mal est d'autant plus grave et terrible qu'il ne cesse pas un instant d'agir jusqu'à ce que les causes qui l'ont fait naître et qui l'entretiennent aient disparu. Eh! bien, je ne crains pas d'être démenti, si j'affirme qu'aucun régime n'aura autant fait que celui sous lequel nous vivons pour combattre ce fléau, qui frappe presque exclusivement les classes pauvres, et pour restreindre de plus en plus le théâtre de ses ravages. Dès la première quinzaine du mois de février 1849, on vit le Prince-Président, dans son impatience de remédier au mal, donner une somme de 50,000 francs pour la construction de cités ouvrières ou de maisons modèles destinées à remplacer les logements insalubres ou chers, occupés par un grand nombre de familles appartenant aux classes laborieuses. Une année à peine était écoulée et la loi du 13 avril 1850 venait décréter l'assainissement des logements insalubres. Par l'article 1er de cette loi, sont réputés insalubres les logements qui se trouvent dans des conditions de nature à porter atteinte à la vie ou à la santé de leurs habitants. D'autres articles de la même loi établissent qu'une commission visitera les lieux signalés comme insalubres, qu'elle déterminera l'état d'insalubrité et en indiquera les causes, ainsi que les moyens d'y remédier. S'il est reconnu que le logement n'est pas susceptible d'assainissement, et que les causes d'insalubrité sont dépendantes de l'habitation elle-même, l'autorité municipale pourra, dans le délai qu'elle fixera, en interdire provisoirement la location à titre d'habitation. Ces diverses dispositions législatives ont été dignement couronnées par un décret du 22 janvier 1852, qui a alloué 10 millions pour l'amélioration des logements des ouvriers dans les grandes villes manufacturières.

Si la santé est nécessaire pour le travail elle peut être compromise par l'abus de ce même travail. Il ne suffit donc pas, pour assurer autant que possible la santé des classes laborieuses, d'entourer leur nourriture, leur logement et leur habillement de toutes les garanties de salubrité désirables ; il faut encore, il faut surtout réglementer à ce point de vue le travail lui-même. Le Gouvernement de Napoléon III n'a pas plus failli à cette seconde partie de sa tâche qu'à la première. Le Pouvoir éphémère de 1848, il faut lui rendre cette justice, était déjà entré dans la voie que nous venons d'indiquer, en limitant à douze heures, par un décret du 9 septembre, la durée du travail effectif dans les manufactures et usines. Le Régime napoléonien a complété l'œuvre commencée sous les Gouvernements antérieurs, en déterminant, par une loi du 22 février 1851, les bases du contrat d'apprentissage dans l'intérêt des familles ouvrières et dans celui de l'industrie. Cette loi a pour but d'assurer à l'apprenti de légitimes garanties d'hygiène, d'instruction et de moralité, sans porter atteinte à la liberté du travail et aux droits de la famille. C'est encore en vue de faire mieux observer les lois hygiéniques ou autres qui doivent présider au travail, c'est-à-dire dans le but de protéger la santé, le bien-être et tous les légitimes intérêts de l'ouvrier, qu'a été rendue cette loi du 1er juin 1853 sur les conseils de prud'hommes, en vertu de laquelle les membres

de ces conseils, appelés à décider sur les contestations
entre les patrons et les ouvriers, sont élus, pour une
moitié, par les patrons, et, pour l'autre moitié, par les
contre-maîtres et ouvriers.

Il est impossible, tout le monde en conviendra,
qu'un Gouvernement prenne plus de mesures, de pré-
cautions éclairées et attentives pour mettre la santé des
classes laborieuses à l'abri de toute atteinte. Cependant,
on ne saurait se le dissimuler, un Pouvoir a beau ne rien
négliger pour atteindre ce but, il y a toujours des travailleurs qui sont, soit mutilés, soit atteints par la maladie
dans le cours de leurs travaux. De là un nouveau mal
auquel l'infatigable sollicitude du Gouvernement de
Napoléon III n'a pas pourvu d'une façon moins satis-
faisante qu'aux précédents. Louis XIV éleva, il y a
deux siècles, un hôtel splendide, asile ouvert aux invalides de la guerre, et cette institution est restée l'un
des plus beaux titres de gloire de ce grand prince. Napoléon III, à son tour, aura l'éternel honneur d'avoir
donné à cette généreuse et patriotique création de l'ancien Régime son pendant indispensable, en fondant
deux asiles destinés à recevoir des invalides qui ne
sont pas moins dignes que les victimes de la guerre de
la pitié secourable et respectueuse de leurs concitoyens,
je veux dire les invalides du travail. Par un décret du
8 mars 1855, l'Empereur a décidé l'établissement, sur
le domaine de la couronne, à Vincennes et au Vésinet,
de deux asiles pour les ouvriers convalescents ou qui
auraient été mutilés dans le cours de leurs travaux. Un
second décret du 10 janvier 1857 a affecté un million
à l'achèvement et à l'ameublement de ces asiles impé-
riaux, dont le premier, celui de Vincennes, a pu être
inauguré dès le 31 août suivant. C'est ainsi que, désormais, grâce à la philanthropie efficace et active de Napoléon III, notre patrie pourra montrer avec orgueil, à
côté de l'asile magnifique qu'elle ouvre aux martyrs
glorieux des grandes luttes guerrières, deux autres
asiles où elle accueille, avec la même maternelle ten-
dresse, les martyrs non moins intéressants des luttes essentiellement bienfaisantes et fécondes de la paix. En

même temps que l'asile de Vincennes s'ouvrait aux ouvriers convalescents de la capitale, des médecins cantonaux étaient institués pour apporter gratuitement leurs soins aux travailleurs malades des campagnes (1).

Par toutes les mesures que nous venons de rapporter, mesures prises, soit contre le chômage, soit contre l'excès et les abus du travail, soit contre la maladie et autres maux inévitables, le Gouvernement de Napoléon III s'est efforcé, non sans succès, d'assurer le bien-être des travailleurs pendant cette période de leur vie où ils peuvent et doivent autant que possible subvenir eux-mêmes à leurs besoins et à ceux de leurs familles. Mais il n'a pas cru devoir borner là sa tâche : pour compléter l'œuvre de bienfaisance et d'universelle amélioration qu'il a entreprise, il s'est imposé en outre l'obligation de pourvoir aux besoins de tous les individus appartenant aux classes laborieuses qui ne peuvent pas encore ou ne peuvent plus gagner leur vie, tels que les nouveaux-nés, les enfants en général, et plus particulièrement les enfants trouvés et abandonnés, les orphelins et enfin les vieillards.

Une loi rendue dans ce but, le 10 janvier 1849, a organisé le service de l'assistance publique à Paris. En vertu de cette loi, l'administration générale de l'assistance publique à Paris comprend le service des secours

____

(1) Cette institution si bienfaisante des médecins cantonaux a besoin, pour porter tous ses fruits, d'un complément à peu près indispensable, que nous nous permettrons de signaler et de soumettre à la philanthropie éclairée du Gouvernement actuel. Il serait à désirer, selon nous, que l'on créât dans chaque localité importante ou dans chaque circonscription de petites communes limitrophes, une garde-malade des pauvres, spécialement chargée de faire exécuter ponctuellement les ordonnances du médecin, et prise parmi ces femmes de Dieu que l'on trouve partout prêtes à se dévouer au soulagement des misères humaines, moyennant une rétribution modique et presque insignifiante. On peut le dire, en effet, à l'honneur des membres du corps médical de notre temps : on voit peu de malades indigents qui meurent aujourd'hui faute de médecin ; on en voit tant au contraire qui succombent faute de soins !

à domicile et le service des hôpitaux et hospices civils. Le directeur a la tutelle des enfants trouvés, abandonnés et orphelins ; il a aussi celle des aliénés.

L'Empereur, en janvier 1853, a donné sur sa cassette une somme de 200,000 francs pour faciliter le retrait, par leurs familles, des enfants trouvés et abandonnés dans les hospices de France.

L'Impératrice Eugénie, dont on retrouve le nom bien aimé partout où il y a des œuvres charitables à faire, a voulu prendre sous sa protection spéciale les nouveaux-nés et les enfants des familles pauvres.

Un décret du 2 février 1853 a placé sous le patronage aussi dévoué que puissant de la gracieuse souveraine les sociétés de Charité maternelle. Parmi les objets composant la corbeille de mariage de l'Impératrice, l'Empereur avait fait placer, au lieu de la bourse d'usage, un portefeuille renfermant 250,000 francs. L'Impératrice voulut que cette somme fût entièrement consacrée à des œuvres de charité. Par ses ordres, 100,000 francs furent répartis entre les sociétés maternelles, qui ont pour but de secourir les pauvres femmes en couche, de pourvoir à leurs besoins et à l'allaitement de leurs enfants, et qui sont placées sous l'auguste patronage de Sa Majesté ; 150,000 francs servirent à fonder de nouveaux lits à l'hospice des Incurables, en faveur de pauvres infirmes des deux sexes dont la désignation appartient à l'Impératrice. En 1853, dit le ministre de l'intérieur dans un rapport, le nombre des pauvres mères secourues a été de 10,504. Le nombre des sociétés de Charité maternelle s'est élevé à 56, grâce à l'initiative et à la protection de l'Impératrice. Leurs recettes ont été de 625,780 francs, dont 100,000 francs donnés par Sa Majesté. Les secours accordés se sont élevés à 445,386 francs.

Un décret du 16 mai 1854 a également placé sous la présidence et la protection de l'Impératrice les comités des salles d'asile, tandis qu'un autre décret du même jour instituait un Comité central de patronage pour la propagation de ces utiles et philantropiques établissements.

Une troisième institution, et non la moins touchante, due à l'initiative charitable de l'Impératrice , est celle de l'Orphelinat impérial. En voici l'origine : Une souscription ouverte à Paris dans le but d'offrir à l'Impératrice Eugénie et au Prince impérial un témoignage de gratitude , produit une somme de 80,000 fr. Le ministre de l'intérieur répond , au nom de l'Impératrice, aux présidents des divers comités de souscription :

« L'Impératrice acceptera avec gratitude ces volumes de signatures, éloquents témoignages des sentiments d'affection de la population parisienne. Mais quant aux sommes produites par la souscription, vous lui permettrez d'en faire , comme des 600,000 francs votés lors du mariage par le conseil municipal , une œuvre de bienfaisance pour les enfants du peuple. Patronne des sociétés de Charité maternelle et des Salles d'asile, Elle désire placer sous le patronage de son fils les pauvres orphelins ; Elle veut que le malheureux ouvrier , enlevé prématurément à sa famille , emporte du moins, en mourant, la consolante pensée que la bienveillance impériale veillera sur ses enfants. Mais il ne s'agit pas seulement de leur assurer la ressource ordinaire d'une maison de refuge. L'Impératrice a puisé dans son cœur une idée plus touchante : sous le patronage du Prince impérial , une commission permanente et gratuite, présidée par le ministre de l'intérieur , recherchera en même temps dans Paris et les orphelins et les honnêtes ménages d'ouvriers qui, moyennant une subvention annuelle , voudront prendre chez eux ces pauvres enfants , les élever , leur donner une nouvelle famille et l'apprentissage d'un état. Cette œuvre, sans autres frais que ceux de l'allocation même, qui pour chaque enfant devra toujours être largement calculée, profitera presque autant à la famille adoptive qu'à l'orphelin qui lui sera confié, et l'Impératrice aura ainsi réalisé la pieuse et délicate pensée de donner à ces pauvres petits êtres que la mort a privés de leur soutien, non pas l'abri d'un hospice, mais l'appui, l'affection, les soins d'une nouvelle famille. Au revenu produit annuellement par le montant de la souscription placé en rentes sur l'Etat, l'Empereur, chaque année, et jusqu'à ce que son fils puisse le faire lui-même, ajoutera sur sa cassette les 30,000 francs nécessaires pour que cent orphelins au moins soient toujours ainsi patronnés. » Le nombre des pupilles de l'Orphelinat s'élevait, à la date du 14 août dernier, à 169 (1).

Une loi sur les hospices et hôpitaux, rendue le 7 août 1851, a décidé que, lorsqu'un individu privé de ressources tomberait malade dans une commune, aucune condition de domicile ne pourrait être exigée pour son admission dans l'hôpital existant dans cette commune.

On peut ajouter que jamais les établissements de bienfaisance n'ont reçu des subventions aussi nombreuses et aussi fortes que sous le Régime actuel, à savoir : en 1849, le 26 juillet, 500,000 francs; en 1850, le 8 mars, 300,000 fr., le 13 novembre, 400,000 fr.; en 1852, le 8 juillet, 400,000 fr.; en 1853, le 15 décembre, 200,000 fr.; en 1854, le 16 janvier, 2 millions, le 15 juillet, 300,000 fr., le 20 décembre, 5 millions ; en 1855, le 22 septembre, 10 millions ; en 1856, le 22 septembre, 87 000 fr , le 28 décembre, 5 millions : en 1857, 1 million.

Je ne parlerai pas des actes de la bienfaisance privée tant de Napoléon III que de son auguste compagne : ils ne se comptent pas. Je ferai remarquer seulement que les misères, auxquelles la charité inépuisable de Leurs Majestés apporte du soulagement, sont surtout celles qui viennent frapper les travailleurs. Ceux-ci doivent être d'autant plus sensibles à ces traits de la bien-

(1) Les infirmes n'ont pas été plus délaissés que les enfants trouvés et abandonnés, les orphelins et les vieillards. L'œuvre de Notre-Dame-des-Sept-Douleurs a été fondée dans le but de recueillir les jeunes filles pauvres, infirmes incurables, depuis l'âge de 5 ans jusqu'à 22. Les enfants, une fois admis, restent indéfiniment. Cette œuvre est placée sous la présidence de S. A. I. la princesse Mathilde, qui a donné son nom à l'Asile où l'on reçoit ces jeunes infirmes.

faisance impériale qu'ils ne sauraient douter de la sympathie chaleureuse et, pour ainsi dire, intime qui les inspire. Napoléon III est animé à leur endroit de cette sollicitude tout affectueuse qu'éprouve un homme de cœur pour des membres de sa famille qui luttent contre le besoin. Et ce sentiment ne date pas d'hier chez l'Empereur actuel. A peine ce prince est-il nommé Président le 10 décembre 1848, qu'on le voit se mettre immédiatement à visiter les hospices et les principaux établissements industriels de la capitale, afin de s'enquérir en personne de la condition des ouvriers et de recueillir de la bouche même de ceux-ci l'expression de leurs besoins. Dans le cours du mois d'août 1849, il entreprend un voyage à Rouen, au Havre, à Louviers et à Elbeuf, dans l'unique but de visiter les manufactures de ces villes et de se rendre un compte exact de la situation des travailleurs qu'elles emploient. En général quelque part qu'il aille, quelle que soit la circonstance qui l'amène, sa première visite n'est ni pour les représentants des grandes familles nobiliaires, comme cela avait lieu sous la Restauration, ni pour les réunions plus ou moins exclusives de la bourgeoisie, ainsi que les choses se passaient d'ordinaire sous la monarchie de Juillet. Non, sa première visite est pour une usine, pour une manufacture, pour un atelier, si la localité où il se trouve possède quelque établissement de ce genre. Louis XVIII et Charles X étaient les rois des nobles. Louis-Philippe était le roi des bourgeois. Napoléon III est le roi des travailleurs, à quelque rang qu'ils appartiennent, nobles ou plébéiens, riches ou pauvres, et de quelque nature que soit leur travail. S'il est surtout le roi des manœuvres, c'est que ce sont eux qui, de tous les travailleurs, ont, en raison de leurs souffrances, le plus besoin de la sollicitude, de la protection et de l'assistance du Gouvernement.

La Religion, a dit quelque part Châteaubriand, je crois, est une tendre mère qui accompagne et soutient l'homme depuis le berceau jusqu'à la tombe. On peut ajouter que le Pouvoir actuel, lui aussi, prend le travailleur sous sa tutelle à partir de l'instant de sa nais-

sance, pour ne l'abandonner qu'au tombeau. Qui n'en serait convaincu, après avoir parcouru le tableau que nous venons de tracer des mesures prises, des moyens mis en usage par le Gouvernement de Napoléon III, pour améliorer la condition intellectuelle et matérielle des classes laborieuses? Certes, les misères du travailleur sont sans nombre : elles commencent pour lui, à vrai dire, avec la vie ; et la vie seule aussi en est le terme. Eh ! bien, je défie qu'on me cite un seul de ces maux, pour lequel la sollicitude aussi ingénieuse qu'infatigable du Pouvoir qui régit aujourd'hui la France, n'ait trouvé des remèdes ou tout au moins des palliatifs.

Voici, par exemple, un petit enfant qui vient de naître dans la mansarde d'un ouvrier. Il est à peine sorti du sein de sa mère, et déjà l'une de ces sociétés de charité maternelle que l'Impératrice Eugénie a prises sous son patronage, est venue pourvoir aux besoins de la mère et à l'allaitement du nouveau-né.

Aussitôt que cet enfant a grandi, une de ces salles d'asile, placées elles aussi sous l'auguste protection de l'Impératrice, s'empresse de l'accueillir et répand sur lui l'inestimable bienfait d'une éducation religieuse que ces parents n'auraient eu ni le loisir, ni peut-être hélas ! le souci de lui donner.

Le malheur veut-il que cet enfant devienne orphelin ? Grâce à cette touchante institution de l'Orphelinat impérial, fondée ainsi que les deux précédentes par l'Impératrice, il trouve chez un autre ouvrier une seconde famille et y apporte quelque aisance avec lui.

Arrive l'âge où notre jeune travailleur doit se suffire à lui-même et vivre de son travail. Alors les cités ouvrières, subventionnées par Napoléon III, lui offrent des logemens aussi salubres et aussi commodes que peu coûteux ; l'active surveillance du Comité consultatif d'hygiène publique, institué par l'Empereur, garantit la bonne condition sanitaire de ses aliments ; enfin, des lavoirs publics gratuits, dus à la même initiative, permettent à sa compagne d'entretenir à peu de frais le linge et les habits de la famille dans un état de propreté et de décence.

En vain le patron qui le fait travailler voudrait-il l'exploiter, le surmener, en un mot abuser des avantages que donne la richesse. Les lois sur la durée du travail, sur les bases du contrat d'apprentissage, sur la composition des conseils de prud'hommes, mettent les droits légitimes de notre ouvrier au-dessus de toute atteinte.

Mais voici qu'en dépit des efforts de l'Etat et de la confiance générale qu'il inspire, une crise financière, la disette, des fléaux naturels, des inondations, venant fondre sur le pays, paralysent tout à coup l'activité publique, ralentissent le mouvement du travail et font baisser le taux des salaires ; voici que l'invention d'une nouvelle machine réduit soudain à une inaction forcée et mortelle des milliers de bras : vous croyez peut-être que notre ouvrier, succombant sous ces influences funestes, n'a plus, comme le gladiateur vaincu des amphithéâtres antiques, qu'à s'affaisser dans l'accablement du désespoir et à jeter ses instruments de travail désormais inutiles pour se préparer à mourir. Détrompez-vous, il n'en sera pas ainsi. Le Gouvernement de Napoléon III a compris que son premier devoir était précisément d'atténuer les désastreux effets des fléaux qui peuvent affliger la société ; il a compris qu'il y aurait flagrante injustice à ce que l'ouvrier seul souffrît de ces progrès industriels qui profitent tant aux autres citoyens. C'est pourquoi, en attendant que l'industrie privée rappelle notre travailleur dans son sein, le Pouvoir actuel l'occupe à de grands ouvrages dont la patrie doit recueillir de l'utilité et de la gloire.

Enfin, l'ouvrier, qui nous sert d'exemple, pour prendre toutes les pires hypothèses, victime de quelque accident funeste, est-il mutilé en travaillant ? Le Gouvernement de Napoléon III s'empresse aussitôt de lui ouvrir l'asile qu'il a fondé pour recevoir les invalides du travail.

On a beaucoup vanté, et avec raison, l'habileté patiente, la stratégie circonspecte et savante, l'ardeur persévérante dont les chasseurs d'élite sont capables, lorsqu'ils veulent forcer une bête fauve dans son repaïre. Le Pouvoir actuel, on peut l'affirmer sans crainte, n'a pas déployé une habileté moins grande, une ardeur moins soutenue, pour dépister et traquer jusque dans ses retraites en apparence les plus inaccessibles la Misère impitoyable, cette autre bête féroce, qui dévore insensiblement la substance de ses victimes et boit goutte à goutte le sang du pauvre peuple.

La lutte soutenue par un homme de bien contre l'adversité acharnée sur lui : tel est, au dire d'un Ancien, le spectacle le plus digne d'attirer les regards de la Divinité. Sans aucun doute, ce combat de la vertu contre la mauvaise fortune est beau à contempler. Il y a pourtant, selon nous, un spectacle plus admirable encore : c'est celui que présente depuis dix ans le Gouvernement de Napoléon III, qui, sans ce retour personnel et égoïste qui anime nécessairement les individus, a entrepris une lutte aussi difficile que désintéressée, non point contre sa mauvaise fortune propre, mais contre celle dont sont victimes les classes les plus nombreuses. Lutte difficile et presque désespérée, car une victoire, de moins en moins incomplète, est le plus beau triomphe auquel on puisse prétendre ! Lutte aussi désintéressée d'ailleurs qu'héroïque, puisque l'ingratitude d'une partie de la population ouvrière de Paris aux dernières élections n'a pu en suspendre le cours, et que la dynastie napoléonienne est bien décidée à nous en offrir toujours le philanthropique spectacle !

Croira-t-on que tant de bienfaits répandus sur les classes laborieuses, que tant de mesures si dignes d'attirer la sympathie et l'adhésion de tous les amis de l'humanité souffrante, n'en ont pas moins valu au Gouvernement actuel, dont elles émanent, la censure d'un certain nombre d'adeptes des partis arriérés et dissidents ? C'est pourtant ce qui est arrivé. On n'a pas craint de taxer de socialisme la sage philanthropie et la politique purement chrétienne de Napoléon III. Socialisme, cette main secourable qu'il tend au nouveau-né, à l'enfant trouvé et abandonné, à l'orphelin ! Socialisme, cet asile qu'il ouvre aux ouvriers mutilés, aux invalides du travail ! Socialisme, ces constructions monumentales, qui, tout en encourageant le travail et les arts, entretiennent et agrandissent dans les âmes l'idée de la patrie! Socialisme, ces travaux gigantesques, ces démolitions, ces percements de rues et de boulevards, qui embellissent, qui assainissent les cités et préviennent des maladies contagieuses, en même temps qu'elles préservent des milliers de familles des atteintes démoralisantes de la faim! Ces cités ouvrières, ces parcs publics immenses, qui permettent au plus pauvre de prendre la même part que le riche à l'air pur et au soleil vivifiant du bon Dieu, encore et toujours du socialisme! De telles entreprises, s'il fallait en croire les esprits chagrins et malveillants que nous combattons, ne tendraient à rien moins qu'à consacrer le principe dissolvant du droit au travail, en le faisant passer dans les lois et dans les mœurs.

Des critiques aussi injustes prouvent jusqu'à quel point la passion politique peut égarer des intelligences d'ailleurs fort éclairées. Non, répondrons-nous à nos adversaires, le Gouvernement actuel n'est pas socialiste, il est profondément humain, il est sincèrement chrétien, voilà la vérité. En décrétant les mesures que vous censurez, il ne fait qu'appliquer à la direction des sociétés ces divines vérités de la morale évangélique que le Sauveur du monde a proclamées, il y a dix-huit siècles. Qu'on le sache bien, en effet, si la charité est un devoir pour les particuliers, au point de vue religieux et philosophique, l'assistance est aussi et au même titre un devoir pour les gouvernements. Toutefois, et ceci répond aux critiques que je rappelais tout-à-l'heure, ce devoir de l'assistance imposé aux gouvernants, à la différence du droit au travail, ne donne pas lieu, chez les gouvernés, à un droit correspondant sur le Trésor public, pas plus que l'obligation de la charité, qui incombe aux particuliers, ne confère aux pauvres un droit sur la bourse des riches.

Cette amélioration du sort des classes laborieuses et souffrantes est d'autant plus admirable que le Gouvernement napoléonien l'a obtenue sans léser en rien les droits ni les intérêts tant de l'aristocratie que de la bourgeoisie. En général, il est peu de régimes qui ne tiennent en suspicion et ne sacrifient, dans une mesure ou dans une autre, l'une au moins des classes dont se compose la nation. C'est ainsi que la bourgeoisie, sous la Restauration; le prolétariat, sous la monarchie de Juillet; l'aristocratie et la bourgeoisie, sous la République de 1848, ont été successivement l'objet de la défiance et des préventions hostiles de ces différents Pouvoirs.

Essentiellement national, et par son origine et par ses antécédents, et par le principe sur lequel il se fonde, le Gouvernement napoléonien est le seul qui n'ait dû s'engager ni pour ni contre aucune classe, précisément parce qu'il est dans sa nature de donner des gages à toutes : des gages de conservation, de hiérarchie, d'autorité et de force à l'aristocratie ; des gages d'ordre, de paix et de crédit public à la bourgeoisie ; des gages de tendances démocratiques, philanthropiques et progressives aux travailleurs. Bienfaiteur de tous les partis, il doit à cette circonstance de pouvoir les dominer tous. De là cette impartialité lumineuse et sereine qui distingue le Gouvernement de Napoléon III.

Ce Gouvernement comprend d'ailleurs à merveille que, sans cette irrésistible et progressive impulsion communiquée à l'Etat par la participation des classes inférieures à l'exercice des droits politiques, une société court fort le risque de rester stationnaire ou de ne marcher en avant qu'avec une lenteur excessive. Mais il n'ignore pas non plus qu'à défaut de cette force de résistance et de contre-poids qui appartient en propre aux classes aristocratiques et bourgeoises, l impulsion trop rapide, imprimée par une démocratie fougueuse, pourrait entraîner un pays vers les abîmes. C'est pourquoi le Pouvoir actuel estime que le concours de ces trois classes lui est également nécessaire, et qu'elles constituent des éléments aussi indispensables les uns que les autres pour la bonne harmonie, la vie régulière et la marche progressive du corps social : il ne saurait donc avoir la pensée d'élever aucune d'elles sur la ruine des deux autres. Que si, en fait, le Gouvernement de Napoléon III accorde une protection et une sympathie particulières aux travailleurs et aux prolétaires, il obéit simplement en cela à une loi qui lui est tracée par la nature même des choses. L'extrême justice ne serait-elle pas ici, suivant le mot de Cicéron, une extrême injustice ? Si l'Etat ne faisait pas plus de sacrifices pour ceux qui manquent souvent du nécessaire que pour ceux qui jouissent toujours du superflu, cette impartialité fausse et tout apparente ne serait-elle pas au fond, je le demande, la plus révoltante des partialités ?

Impartial donc, mais généreux et animé de cette pitié compatissante qui n'est après tout que l'application du précepte de la charité chrétienne à la conduite des sociétés, le Gouvernement napoléonien agit en bon père de famille. S'il aime les aînés et s'en aide de préférence dans la haute direction des affaires ; s'il aime les cadets, dont les talents trouvent un utile emploi dans les diverses branches de l'administration, il aime encore davantage, il ne s'en cache pas, les infirmes et les tout petits, parce qu'avec infiniment moins de ressources ils supportent proportionnellement autant de charges, parce qu'ils sont les siens comme les aînés et les cadets, et qu'étant plus faibles, plus malheureux et plus déshérités, ils ont plus de droits à sa sollicitude paternelle ; en un mot, pour me servir d'une raison qui renferme toutes les autres et que comprendra le cœur des mères : le Gouvernement de Napoléon III aime d'un profond et particulier amour les petits et les infirmes, précisément parce qu'ils sont les infirmes et les petits.

J'ajoute qu'en travaillant ainsi de toutes ses forces à assurer le progrès social par l'amélioration du sort du plus grand nombre, le second Empire ne fait qu'appliquer logiquement les conséquences du principe sur lequel il se fonde. Quel est, en effet, le point d'appui de ce Gouvernement, sinon le suffrage universel. Or, je comprends qu'une monarchie aristocratique, comme, par exemple, celle de la Restauration, tende à être rétrograde : elle s'appuie à peu près exclusivement sur la noblesse, et la noblesse, de nos jours, c'est le passé. Je comprends aussi qu'une monarchie bourgeoise, telle que celle de 1830, soit volontiers stationnaire, car elle repose presque uniquement sur la bourgeoisie, et la bourgeoisie, c'est le présent. Mais ce que je comprendrais moins aisément, c'est qu'un Gouvernement aussi démocratique que le Pouvoir actuel ne fût pas progressif, lorsqu'il s'appuie, non sur la base étroite d'un parti ou d'une classe, mais sur la large assise du suffrage universel, c'est-à-dire sur le vote de cette immense majorité de citoyens qui, ne se rattachant ni au passé comme l'aristocratie, ni au présent ainsi que la bourgeoisie, ne peuvent attendre l'amélioration de leur sort que des changements et des réformes de l'avenir, en un mot, du progrès.

Quand donc le Régime actuel s'efforce ainsi de tout son pouvoir d'améliorer la condition morale et matérielle des classes qui composent hélas ! la majorité de la nation, on se tromperait, en voyant dans les mesures qu'il prend à cet effet, des expédients de circonstance, employés pour capter la faveur populaire. Non, en agissant ainsi, le second Empire, né comme le premier et plus encore que le premier du suffrage universel, se montre simplement fidèle à son principe ; il obéit à sa loi ; il suit une tendance invincible dont son origine lui fait une impérieuse et absolue nécessité.

C'est, en effet, la prérogative aussi pleine d'exigences qu'honorable des Gouvernements qui prennent leur point d'appui dans le peuple et le suffrage universel, de ne pouvoir rester vraiment et profondément populaires qu'à la condition de ne pas cesser d'être progressifs, glorieux et philanthropiques. C'est en vain qu'on y prononcerait les plus beaux discours, qu'on y déploierait toutes les intrigues savantes de la stratégie parlementaire : l'homme du peuple est trop occupé à pourvoir aux besoins de chaque jour, il a d'ailleurs trop peu de culture intellectuelle pour s'intéresser à ces joûtes brillantes et trop souvent stériles de la parole. Mais qu'une guerre éclate, et que le Gouvernement la soutienne avec un succès assez grand pour replacer la

France, quelque temps amoindrie et abaissée, à la tête
des nations ; qu'une crise alimentaire, que des maladies
contagieuses s'ajoutent à la guerre , et qu'on voie le
chef de l'Etat, toujours en éveil, faire exécuter en tous
lieux des travaux utiles , destinés à sauver de la faim
des milliers de travailleurs ; que les fleuves, à leur tour,
s'élançant hors de leur lit , déchaînent à travers les
moissons leurs ondes furieuses , et que l'Empereur ac-
coure au travers du flot envahisseur, répandant partout
sur son passage de l'or et des consolations : oh ! alors,
ces actes si dramatiques d'un Gouvernement personni-
fiant, en quelque sorte, la Providence sur la terre, in-
téresseront et remueront jusqu'au plus profond de son
âme l'homme du peuple. Voilà, qu'on le sache bien , la
seule politique que le paysan, que l'ouvrier, puissent et
veuillent comprendre.

Du reste , le peuple , avec cette intuition instinctive
et merveilleuse qui le distingue et qui n'est que la
clairvoyance du sentiment et de l'âme, le peuple paraît
avoir compris de très bonne heure cette intime et indé-
fectible solidarité qui unit sa cause à la dynastie napoléonienne.

C'est en vain que naguère l'audace héroïque du chef
de cette dynastie, après avoir imposé à la patrie les
plus douloureux sacrifices, eut pour dernière et déplorable conséquence d'attirer sur notre sol l'invasion
étrangère : cette communauté du malheur, s'ajoutant à
une longue communauté de gloire, ne fit que redoubler
et, pour ainsi dire, consacrer la sympathie de la
France pour le Pouvoir qu'elle avait librement fondé
et défendu jusqu'au bout contre les efforts de l'Europe
entière coalisée pour le renverser. C'est en vain qu'après
la chute du premier Empire, des hommes de plume ou
de tribune s'apitoyèrent avec une affectation calculée
sur ces braves soldats qui avaient si généreusement
versé leur sang à la suite du glorieux fondateur de la
dynastie populaire ; ceux qu'on plaignait ainsi, sans
leur aveu , ne voulurent pas de cette pitié, ils la désa-
vouèrent. Bien plus, ils se félicitèrent, ils se glorifièrent
de leurs sacrifices , de leur sang noblement répandu.

— 41 —

Ils continuèrent de croire, sous tous les Régimes qui se
sont succédé depuis nos revers, que la cause nationale,
patriotique, avait succombé avec leur chef, et que le
grand Empereur plébéien l'avait entraînée dans sa
chute. Pourquoi les ignominies de la captivité, la mort
même du héros, loin d'affaiblir ces liens d'étroite sympathie, n'ont-elles fait que les resserrer et les rendre
plus indissolubles encore? Pourquoi le seul poète patriotique de ce temps, Béranger, voulant enlever et
ravir l'âme des masses, a-t-il dû, malgré la différence
de sa foi politique, faire vibrer cette corde qui lui a
inspiré ses chants les plus sublimes? Pourquoi la lé-
gende napoléonienne, figurée par une image grossière,
racontée par quelque rude vétéran des grandes guerres,
et devenue ainsi le drame intime et domestique de la
veillée champêtre, a-t-elle su faire couler des pleurs
silencieux d'attendrissement et d'admiration de ces
yeux où l'on eût pensé que les misères de la vie réelle
avaient tari la source des larmes? Pourquoi, quand on
prononce le nom de Napoléon, n'y a-t-il pas dans un
cœur vraiment français de fibre qui ne tressaille? Pourquoi a-t-on vu, pendant un demi-siècle, cette colonne que
surmonte la statue de l'Empereur plébéien, devenir le
but du pélerinage enthousiaste de la France entière,
et « des mains dévouées et pieuses venir, tantôt là
nuit, tantôt le jour, suivant les temps défavorables ou
propices, déposer au bas du piédestal leurs couronnes
funéraires (1)? » Ah! c'est que le peuple sentait que
ce cénotaphe triomphal et héroïque de la Grande Armée était l'emblème de la dynastie chère à son cœur,
ensevelie elle aussi pour un moment dans sa gloire, et
que rien n'a pu consoler notre pays de ce deuil patriotique, rien que la restauration de l'Empire populaire
et l'avénement au pouvoir du neveu du Grand homme.

(1) M. Charles Dupin, *Moniteur* du 15 juillet 1856.

II

Nous avons fait observer, en commençant cet exposé, que l'Empereur Napoléon III, à la différence d'un grand nombre de ses contemporains, n'a pas seulement foi au progrès, entendu d'une façon vague et générale, mais que, donnant à cette conviction une formule plus précise, il voit dans l'amélioration intellectuelle et physique des classes les plus nombreuses, condition préalable de leur amélioration morale, le genre de perfectionnement dont notre siècle doit surtout poursuivre la réalisation. Nous croyons avoir prouvé en outre que l'auteur des *Idées napoléoniennes*, sitôt qu'il a été investi de la puissance suprême par le vœu spontané et unanime du peuple français, n'a rien eu de plus pressé que de mettre ses actes d'accord avec ses opinions et ses principes, et que, loin de répudier sur le trône les idées progressives dont il s'était déclaré le partisan dans ses ouvrages, il en a fait au contraire constamment le mobile prédominant, le Génie inspirateur de toute sa politique. Nos lecteurs ont pu se convaincre, en un mot, de l'active sollicitude, de la fermeté consciencieuse que le chef du second Empire ne se lasse pas de déployer, depuis son avénement au Pouvoir, pour atteindre lui-même le noble but qu'il avait proposé naguère à l'émulation des hommes d'Etat.

Mais si l'Empereur Napoléon III croit fermement que notre siècle est destiné à apporter son contingent au progrès général et gouverne en conséquence, il n'est pas moins intimement persuadé, d'autre part, que l'époque présente est travaillée d'un genre particulier de malaise qui fait obstacle à ce progrès. Ce malaise, ce péril du temps où nous vivons, Napoléon III n'hésite pas à reconnaître qu'il consiste dans le matérialisme. Ce vice est d'autant plus à craindre qu'il est en grande partie occasionné par les progrès mêmes dont nous sommes le plus justement fiers. Ce régime de paix générale qui tend à se substituer de plus en plus aux fureurs de la guerre, ce bien-être croissant qui étend sans cesse le cercle des richesses et des plaisirs de l'homme, sont sans doute d'heureuses et belles choses, de véritables bienfaits. N'est-il pas vrai néanmoins que, sous de telles influences, ainsi que l'a dit Napoléon III (1), l'égoïsme et l'intérêt finissent par tout énerver? Il suit de là que combattre le matérialisme, c'est encore servir la cause du perfectionnement général, puisque de nos jours ce perfectionnement ne rencontre point de plus redoutable obstacle que la préoccupation exagérée de la matière.

Reste à savoir avec quelles armes il appartient à un Gouvernement de faire la guerre au matérialisme. Si l'on étudie attentivement à ce point de vue les œuvres de l'Empereur actuel, on trouvera que, selon lui, l'Etat a en son pouvoir quatre moyens principaux de combattre les tendances matérialistes de la société, d'en prévenir et d'en atténuer les pernicieux effets. Ces moyens sont : 1° l'affermissement, la propagation des idées religieuses et chrétiennes en général, des croyances catholiques en particulier (2); 2° la prépondérance de l'industrie agricole sur l'industrie manufacturière (3);

(1) Voyez l'allocution adressée par l'Empereur aux troupes, le 20 septembre 1853, tome III des Œuvres complètes, p. 370.

(2) Analyse de la question des sucres, t. II des Œuvres, p. 293; — Manifeste adressé par le prince Louis-Napoléon aux électeurs avant le vote du 10 décembre, t. III, p. 26; — Discours prononcé par le Prince-Président, le 3 septembre 1850, à Evreux, ibid., p. 152; — Discours prononcé le 25 septembre 1852, à l'occasion de la pose de la première pierre de la cathédrale de Marseille; — Réponse au discours de l'évêque de Marseille, ib., p. 338, 339, 340; — Allocution adressée par l'Empereur à Son Eminence le cardinal Patrizzi, *Moniteur* du 14 juin 1856; — Discours d'ouverture de la session de 1858.

(3) Analyse de la question des sucres, t. II, p. 209-214; — Extinction du paupérisme, p. 112, 115; — Discours d'ouverture de la session législative de 1857.

3° le maintien du bon esprit militaire et patriotique (1);
4° la surveillance la plus sévère exercée, au point de
vue de la morale publique, sur la littérature et princi-
palement sur la littérature populaire.

Nous venons de dire que l'affermissement des idées
religieuses et chrétiennes, c'est-à-dire, en France, des
croyances catholiques, est regardé par Napoléon III
comme un des moyens les plus efficaces de combattre
le matérialisme. C'est ici le lieu d'attaquer de front
un préjugé qui, pour être très répandu, n'en est pas
moins dénué de tout solide fondement. Ce préjugé consiste à soutenir que la religion catholique n'est pas
seulement hostile au matérialisme, mais encore au bien-
être lui-même, et qu'elle frappe de proscription l'usage
aussi bien que l'abus des choses matérielles. Voici sur
quel raisonnement les adversaires du catholicisme prétendent asseoir une opinion aussi erronée. L'esprit de
sacrifice, disent-ils, fait le fond de l'enseignement du
catholicisme ; il est l'idéal que cette religion propose à
la vie des sociétés comme à celle des individus. Or,
tous les efforts de la société moderne vont à restreindre,
à supprimer de plus en plus le sacrifice, ou du moins à
le rendre chaque jour moins nécessaire, moins utile,
moins réalisable même, par une satisfaction aussi
complète que possible de tous les besoins. D'où l'on
s'empresse de conclure qu'il existe l'antagonisme le
plus complet entre l'esprit qui anime la morale catholique et les tendances les plus fondamentales, les plus
irrésistibles de la société contemporaine (2).

(1) Discours prononcé par le Prince-Président dans un
banquet offert par la ville de Saumur, le 31 juillet 1849,
t. III, p. 93, 94 et 95; — Discours prononcé à La Fère, ib.,
p. 135; — Allocution aux troupes du 20 septembre 1853,
p. 369 et 370,

(2) Cette erreur, un peu vieille, mais plus florissante et
plus dangereuse aujourd'hui que jamais, a été soutenue tout
récemment encore, avec beaucoup de talent et d'habile modé-
ration, je dois le dire, par M. Ad. Guéroult, aujourd'hui ré-
dacteur en chef de la *Presse*, dans un article publié par la

Rien n'est moins rigoureux qu'une telle conclusion. La tactique de l'incrédulité en ceci est du reste très simple et très facile à saisir : on voudrait faire croire à la religion, d'une part, à la société, de l'autre, qu'elles ont des intérêts opposés, afin d'amener et de rendre inévitable un divorce entre ces deux puissances. Mais ce plaidoyer en séparation constitue un artifice trop grossier, il s'appuie d'ailleurs sur un vice de raisonnement trop choquant, pour qu'il ait chance de trouver faveur auprès des bons esprits. Les adversaires du catholicisme disent que toute la morale de cette religion se résume dans le sacrifice, l'abnégation, le dévouement. Je suis le premier à en convenir. Mais qu'y a-t-il, je le demande, d'incompatible entre la pratique de ces vertus et cette amélioration du sort des classes les plus nombreuses, que je reconnais être l'une des tendances les plus caractéristiques de notre société actuelle ? La satisfaction des premiers besoins assurée à tous, loin d'exclure le sacrifice et le renoncement, favorise au contraire le développement de ces vertus au sein des classes nécessiteuses. Quel sacrifice pleinement libre et vraiment spontané pourra-t-on demander aux travailleurs, tant qu'ils manqueront du nécessaire ? De quoi voudra-t-on qu'ils se dépouillent, tant qu'ils n'auront rien ? De quel droit exigera-t-on qu'ils donnent à la vie intellectuelle et morale la place qui lui appartient légitimement, c'est-à-dire la première, tant que leur vie matérielle ne sera point assurée ? En ce sens, on a pu dire, avec beaucoup de raison, que la réalisation dans une certaine mesure du bien-être au profit des prolétaires était la condition préalable de leur perfectionnement moral.

Il n'y a pas lieu de craindre d'ailleurs que le progrès du bien-être matériel soit jamais assez grand pour rendre l'abnégation chrétienne inutile, en donnant

Revue de Paris du 15 novembre 1857, p. 287. Cet article est un examen critique d'un livre de M. l'abbé Gabriel, curé de Saint-Merry, qui a pour titre : *De la vie et de la mort des Nations*.

pleine et entière satisfaction aux exigences et aux désirs de tous. Le cœur humain est ainsi fait que les besoins qui peuvent l'assaillir sont infinis ; à peine les désirs anciens, auxquels il était en proie, sont-ils assouvis, que des désirs nouveaux s'éveillent et se font sentir avec non moins d'énergie que les premiers. Le progrès du bien-être général a pour effet de déplacer les besoins que chaque individu ressent et de les étendre à des objets d'un ordre de plus en plus élevé : il ne les supprime pas.

L'amélioration physique du sort des classes nécessiteuses n'exclut donc ni le renoncement, ni l'abnégation, ni aucune des vertus que recommande le catholicisme. Non. Ce qui est vrai, c'est que l'observation fidèle des préceptes de la morale chrétienne est seule capable de prévenir ou du moins de neutraliser en partie les inconvénients et les vices qu'entraîne d'ordinaire la préoccupation des intérêts matériels; seules, les vertus que le catholicisme enseigne à pratiquer peuvent faire un contre-poids utile, sinon nécessaire, à ce matérialisme que développe, pour ainsi dire, naturellement, au sein d'une société, la recherche immodérée du bien-être : matérialisme insolent, dur, égoïste, ivre de lui-même, chez les riches et surtout chez les enrichis ; matérialisme envieux, haineux et subversif, chez ceux qui veulent s'enrichir et qui n'y sont point encore parvenus.

Dans ce temps d'égalité démocratique et de nivellement absolu, la richesse constitue la seule distinction sociale que les révolutions aient laissée debout. Cette circonstance a fait des biens de la fortune, à notre époque, l'objet d'une aspiration, non seulement plus ardente que par le passé, mais même, il est permis de le dire, universelle. L'Etat, auquel une tendance aussi prononcée ne pouvait échapper, s'est fait un devoir de la seconder dans la mesure de son pouvoir; supprimant tous les priviléges, il a voulu offrir aux diverses classes de citoyens les mêmes facilités pour conquérir cette opulence qui était le but commun de leurs désirs. Ce mouvement a eu deux conséquences également désasfreuses. A mesure que la richesse semblait plus désirable, on devenait moins délicat dans le choix des moyens employés pour l'acquérir. D'autre part, la facilité et la promptitude insolites avec lesquelles tant de fortunes se sont élevées de nos jours, n'ont pas exercé une influence moins pernicieuse sur les mœurs. Ce passage subit de la pauvreté à l'opulence a plongé ceux qui en profitaient dans une sorte d'ivresse stupide et d'étourdissement vulgaire, d'où la raison et les meilleures qualités de la plupart d'entre eux ne sont pas sorties sans atteinte. On a vu ces possesseurs de fortunes souvent mal acquises se complaire à étaler devant leurs concitoyens, moins heureux ou plus délicats, comme pour irriter tous les regards honnêtes, le spectacle du luxe le plus insolent De pareils excès ne sont déjà que trop fréquents. Mais combien ils se multiplieraient et s'aggraveraient encore, si l'esprit de détachement chrétien, qui leur oppose aujourd'hui un puissant obstacle, venait un jour à disparaître complètement de la société !

Si l'esprit de détachement, loin d'être déplacé et inuti'e, ainsi que le prétendent les adversaires du catholicisme, est plus salutaire en réalité aujourd'hui que jamais aux riches et aux heureux du monde, on peut dire que, d'un autre côté, l'esprit de résignation n'a été dans aucun temps plus nécessaire aux pauvres qu'à notre époque. Nous avons reconnu et constaté plus haut que le goût du bien-être était la tendance caractéristique du siècle où nous vivons. Ce goût, qui était resté jusque là le privilége de l'élite de la société, a envahi de nos jours toutes les classes : le pauvre l'éprouve maintenant aussi bien que le riche. Mais, il est aisé de le prédire, notre siècle aura beau se consumer en nobles efforts pour augmenter le bien-être des travailleurs et des prolétaires : l'amélioration du sort de ceux-ci ne sera jamais, je le crains, assez grande pour donner satisfaction aux ardeurs toutes nouvelles que le goût récent du bien-être a allumées au fond de leurs cœurs. Il suit de là que, plus le prolétaire, grâce au progrès de la civilisation générale et aux tendances

dé la société actuelle, comprend et éprouve le besoin
du bien-être, et plus cette belle vertu de l'abnégation
chrétienne lui devient nécessaire pour se résigner dans
une situation qui, tout en s'améliorant de plus en plus,
au point de vue matériel, restera néanmoins bien
longtemps, sinon toujours, pour le plus grand nombre
des travailleurs, au-dessous de leurs aspirations même
modestes.

Eh! quoi, dirai-je à mes adversaires, vous ne crai-
gnez pas d'allumer dans l'âme des masses des convoi-
tises immenses de bien-être auxquelles tous vos progrès
boiteux n'offriront jamais qu'une satisfaction très insuffisante, et lorsque le détachement et la résignation,
ces vertus qui n'ont jamais été pratiquées que par des
chrétiens, seraient seules capables de consoler le peuple
de l'amère déception que votre coupable imprudence
lui prépare, voilà que, pour consommer votre œuvre
de destruction et de mort, vous mettez le catholicisme
lui-même au ban de la société, voilà que vous représen-
tez cette religion comme essentiellement hostile au
progrès, au bien-être et à l'amélioration de la condition
matérielle des classes pauvres. Non. En dépit de vos
affirmations perfides, le catholicisme n'est hostile ni au
progrès, ni au bien-être, encore moins à l'amélioration
du malheureux sort des classes laborieuses et souffrantes ; il n'est hostile qu'à l'abus de ces tendances,
qui, prises en soi, lui paraissent très légitimes. Ce qui
est vrai, mais ce que vous vous gardez bien d'avouer,
c'est que le catholicisme possède cet avantage d'être le
plus sûr préservatif contre les inconvénients et les
vices que le progrès et le bien-être peuvent entraîner,
et dont ne sont pas exemptes les meilleures choses.
Sachez-le bien, il en est du progrès moderne comme
de toutes les Puissances : les meilleurs amis de ce Pouvoir nouveau ne sont pas ceux qui se contentent de le
flatter et qui encensent jusqu'à ses abus, mais bien
ceux qui savent l'avertir et le redresser au besoin. Or,
vous tous, adversaires du sentiment religieux, vous
n'êtes, permettez-moi de vous le dire, que les flatteurs
serviles du progrès ; le catholicisme seul est son con-

seiller indépendant, son juge impartial et austère. Inconséquents que vous êtes ! vous mettez hors de lui le taureau populaire, en faisant briller à ses yeux éblouis les lambeaux de pourpre de vos promesses décevantes, et vous vous étonnez ensuite qu'il renverse tout dans l'emportement de son aveugle fureur ! Vous imprimez la plus violente impulsion aux rouages divers dont se compose ce qu'on peut appeler l'organisme de la société, vous aiguisez comme à plaisir les pivots et les dents des machines, vous faites de plus en plus saillir leurs inflexibles aspérités, vous multipliez leur frottement et leur choc ; et vous n'en voulez pas moins proscrire la religion catholique dont l'huile divine de détachement et de résignation peut seule adoucir tous ces engrenages d'intérêts rivaux, que vous avez si imprudemment déchaînés, et les empêcher ainsi de briser ou de mettre bientôt en feu le mécanisme social !

Grâce à Dieu, l'Empereur Napoléon III ne paraît pas avoir jamais partagé le préjugé déplorable dont nous venons d'essayer la réfutation : il a toujours estimé, au contraire, que le développement des croyances religieuses était un des moyens les plus efficaces de servir le progrès, et aussi de combattre l'abus du progrès, c'est-à-dire le matérialisme. Il faut voir dans cette conviction une des principales causes qui lui ont fait accorder, depuis son avénement au pouvoir, une protection singulière à la religion en général, et au catholicisme en particulier, protection qui s'est manifestée, comme on va le voir, par de si nombreux et si irrécusables témoignages.

Le Gouvernement qui, au lendemain de son établissement, a décidé qu'aucun travail ne devrait avoir lieu à l'avenir, à moins d'absolue nécessité, dans les ateliers dépendant des travaux publics, le dimanche et les jours fériés, pour les ouvriers employés à la journée au compte de l'Etat ; qui a défendu à Rome, et défend aujourd'hui encore, peut-être en dépit de l'Angleterre, le souverain pontife contre les partis qui menacent le saint-siège ; qui a voulu que l'héritier du trône eût le Saint Père pour parrain ; qui a rappelé les princes de

l'Église dans les grands corps de l'Etat ; qui a décidé
que des aumôniers seraient attachés à l'armée d'Orient
et aux hôpitaux français établis en Orient ; qui a réta-
bli la Grande Aumônerie ; qui a décrété la liberté
d'enseignement ; qui a reporté à 149,000 francs le
chiffre du crédit alloué à l'enseignement de la théologie, chiffre que la révolution de Février avait réduit à
115,660 francs ; qui a ouvert, en 1849, des crédits de
400,000 et de 173,000 fr., en 1851, de 192,564 et de
129,357 fr., pour traitements et indemnités des membres du clergé ; qui a augmenté les traitements des ar-
chevêques et vicaires-généraux, et, à deux reprises,
ceux des évêques, ainsi que les appointements des aumôniers attachés aux hôpitaux militaires ; qui a porté,
par deux augmentations successives, en 1852 et en
1858, le traitement des desservants à 900 fr. ; qui a affecté une somme de 5 millions à la création d'une
caisse de retraites en faveur des ecclésiastiques âgés et
infirmes ; qui a replacé la croix sur le Panthéon rede-
venu Sainte-Geneviève ; qui a accordé 250,000 francs
pour la construction et la réparation d'églises et de
presbytères, un crédit extraordinaire d'un million
pour les dépenses concernant les édifices diocésains,
plusieurs millions pour la construction dans les principaux diocèses de grands séminaires modèles, 2 millions
500,000 fr. pour la reconstruction de la cathédrale de
Marseille, 1 million 500.000 fr. pour l'agrandissement
de celle de Moulins ; qui a décrété la construction
d'une nouvelle cathédrale à Ajaccio ; qui a fait ériger
par le Saint-Siège de nouveaux évêchés à Laval, dans
les colonies de la Guadeloupe, de la Martinique et de
l'île de la Réunion ; qui venge à l'heure qu'il est en
Chine le sang de nos missionnaires injustement répandu ; un Gouvernement qui a fait tant et de si
grandes choses n'a-t-il pas, je le demande, protégé la
religion ?

Après la protection active des croyances religieuses,
un des plus sûrs moyens qui soient au pouvoir de
l'Etat de combattre efficacement le matérialisme, consiste, selon Napoléon III, à assurer à l'industrie agri-

cole la prépondérance sur l'industrie manufacturière.
Les Gouvernements n'ont rien de mieux à faire , en
ceci comme en tout le reste, que de suivre la ligne de
conduite qui leur est tracée par l'exemple de l'Eglise
catholique. Personne n'ignore que cette Eglise a toujours encouragé et honoré avec une prédilection mar-
quée l'agriculture. A l'époque de la dissolution du
monde antique et de la formation des nations mo-
dernes, n'est-ce pas l'Eglise qui a fait refleurir ce premier des arts , dont le matérialisme romain d'abord,
ensuite l'invasion barbare, avaient consommé la décadence ? Le sol de l'Europe n'a-t-il pas été en grande
partie mis en culture par ces monastères , fondés sous
l'inspiration du catholicisme, et qui nous apparaissent,
pendant toute la durée du moyen-âge , comme autant
de fermes-modèles et d'ateliers pour le défrichement
des terres environnantes? C'est là une vérité historique
banale ; elle n'en ruine pas moins par la base, pour le
dire en passant , la thèse de toute une école que nous
combattions il n'y a qu'un instant , et qui voudrait
faire croire que le christianisme est essentiellement
hostile au bien-être matériel ainsi qu'aux moyens
propres à en assurer le progrès. Ce qui est constant et
ce que nous ne faisons nulle difficulté d'avouer, c'est
que, sans proscrire en aucune façon l'industrie manufacturière, l'esprit catholique ne l'a jamais vue d'aussi
bon œil que l'industrie agricole. Mais, qu'on veuille
bien y prendre garde , cette sympathie relativement
moindre de l'Eglise pour l'industrie manufacturière,
qu'on aurait tort d'ailleurs de prendre pour une aver-
sion absolue, loin de prouver, selon l'opinion dont nous
avons fait justice tout-à-l'heure , que le catholicisme
est hostile au progrès matériel , peut et doit être , au
contraire, à bon droit regardée comme un témoignage
irrécusable de la sollicitude aussi éclairée que profonde de cette religion pour le bien-être véritable du
peuple (1).

(1) Nous trouvons une preuve touchante de cette préférence donnée par le catholicisme à l'industrie agricole sur

On ne saurait, en effet, se le dissimuler, autant l'industrie manufacturière est profitable à ses chefs et à ses capitaines, qu'elle enrichit souvent de la façon la plus merveilleuse, autant en revanche elle est d'ordinaire nuisible aux simples soldats qu'elle emploie, c'est-à-dire aux travailleurs. Elle ruine la santé de

l'industrie manufacturière, dans un établissement trop peu connu, créé dans ces derniers temps sous l'inspiration de la charité chrétienne. Nous voulons parler de l'Orphelinat agricole de Saint-Joseph d'Igny, fondé par M. l'abbé Mullois, premier chapelain de l'Empereur, pour recueillir les petits orphelins, les enfants honnêtes et malheureux de Paris. Cet établissement consiste en une vaste ferme que ce prêtre éminent, dont la charité ingénieuse et toujours active a rendu le nom si populaire, acheta, il y a quelques années, à Igny, non loin de Palaiseau, à cinq lieues de Paris. Nous avons eu le bonheur de visiter l'orphelinat d'Igny, situé au sein de cette belle vallée de la Bièvre, toute pleine d'illustres ou gracieux souvenirs, de pittoresques enchantements. Une cinquantaine de petits orphelins, arrachés à l'air vicié de la capitale, reçoivent dans cet asile sain et champêtre, la plupart gratuitement, l'instruction élémentaire, l'éducation morale et religieuse. Désirant faire contracter de bonne heure à ces enfants l'habitude des occupations rustiques auxquelles ils sont destinés, M. Mullois assigne à chacun d'eux son petit ministère : l'un est attaché à la cuisine, l'autre à la basse-cour, un troisième a soin des lapins. Non content de façonner ainsi ses petits orphelins au travail, le fondateur d'Igny a voulu en outre les former à l'économie en vue de l'avenir et leur inspirer le sentiment de la propriété. Pour cela, il a donné à chacun d'eux en propriété un petit jardin et un poirier. Les légumes et les fruits de chaque jardin appartiennent à son possesseur, qui les vend à la cuisine et en débat lui-même le prix. Dans le même but, on a constitué en faveur de plusieurs d'entre eux de petites rentes sur l'Etat ou des livrets de la caisse d'épargnes. Dans la pensée de M. l'abbé Mullois, l'orphelinat agricole de Saint-Joseph d'Igny est destiné à être tout à la fois un refuge, un port secourable pour les petits naufragés de la ville de Paris, et une pépinière utile de travailleurs agricoles. Profondément chrétien à ces deux points de vue, un tel établissement est digne d'assurer à son vénérable fondateur la sympathie et le concours de toutes les âmes charitables et religieuses.

ceux-ci, en les faisant vivre dans un air presque toujours vicié et corrompu, ou bien en leur faisant manipuler des produits plus ou moins délétères ; elle rend en outre leurs moyens d'existence plus précaires que par le passé, soit par les chômages absolus, soit par les mouvements brusques de hausse et de baisse des salaires auxquels elle les expose. Enfin, en poussant à l'extrême le principe de la division du travail, et en employant pendant toute sa vie un ouvrier à ne fabriquer que des têtes d'épingles, par exemple, l'industrie manufacturière finit par faire passer cet ouvrier lui-même à l'état de machine.

Le mal en est venu à ce point qu'un célèbre utopiste de nos jours n'a pas craint de dire que l'activité manufacturière était en voie de reconstituer, au sein de la société contemporaine, une féodalité industrielle non moins oppressive que la féodalité militaire du moyen-âge. L'industrie manufacturière a achevé de se rendre suspecte au catholicisme par les tendances impies et matérialistes dont elle a trop souvent fait profession, profanant, pour accroître ses profits, le jour du Seigneur, et enfermant, en quelque sorte, l'ouvrier dans les limbes d'un travail de damné, où nul rayon d'en haut ne pénètre pour le consoler et élever un instant ses regards vers le ciel. Tous les efforts des gens de bien doivent tendre désormais à faire cesser une situation aussi anormale, qui, s'y on n'y mettait ordre bientôt, pourrait entraîner un jour pour la société les conséquences les plus désastreuses ; tous, tant que nous sommes, nous devons prendre à tâche d'inculquer et de répandre au sein de l'activité manufacturière cet esprit religieux et chrétien qui peut seul, on ne saurait trop le redire, en corriger les mauvaises tendances, en prévenir ou du moins en atténuer les abus.

Toutefois, en dépit de ces efforts et quel qu'en soit le résultat, l'industrie manufacturière n'en aura pas moins toujours des tendances plus matérialistes que l'industrie agricole. Voilà pourquoi le Gouvernement actuel, se proposant de combattre le matérialisme, a pris, suivant nous, la meilleure voie pour atteindre ce but, en cherchant à assurer de plus en plus, par toute sorte de mesures, la prospérité et la prépondérance de l'agriculture.

Une loi du 20 mars 1851 a organisé une représentation légale de l'industrie agricole, en créant des comices agricoles, des chambres et un conseil général d'agriculture.

L'institution du Crédit foncier, décrétée en vertu de la loi du 10 juin 1853, est venue féconder l'agriculture, lui apporter d'utiles ressources et faciliter ses emprunts.

La loi du 5 août 1850 a créé des colonies agricoles modèles pour les jeunes détenus; un conseil de perfectionnement des Ecoles vétérinaires, créé par décret du 16 février 1850, a provoqué le décret réglementaire de ces Ecoles du 8 mars 1851. Un rapport présenté à l'Empereur, en date du 15 février 1856, constate les heureux résultats de l'enseignement pratique de l'agriculture dans les Ecoles normales primaires.

La loi du 22 juillet 1850 sur les défrichements de bois a abrogé le décret du 2 mai 1848, relatif à la taxe des défrichements.

Un décret du 28 mars 1852 a décidé la construction de nouvelles routes à travers les forêts de la Corse.

Une loi du 28 juin 1852 a ouvert un crédit de 360,000 fr. pour travaux d'amélioration de la Sologne.

La loi du 21 juillet 1856 sur la licitation des étangs dans le département de l'Ain a eu pour but de faciliter, de favoriser, d'assurer le dessèchement des étangs de la Dombe, et de rendre ainsi peu à peu à l'agriculture 20,000 hectares de terrain tout couverts d'eaux croupissantes et nuisibles à la santé, à la vie même des habitants de ce pays.

Mais l'encouragement le plus important à tous égards que l'agriculture doive au Gouvernement de Napoléon III, est sans contredit la loi du 17 juillet 1856 sur le drainage.

Aux termes de cette loi une somme de 100 millions est affectée à des prêts destinés à faciliter les opérations du drainage.

Un article de la loi de finances fixe, chaque année, le crédit dont le ministre de l'agriculture, du commerce et des travaux publics peut disposer pour cet emploi.

Les prêts effectués en vertu de la loi du 17 juillet 1856 sont remboursables en 25 ans, par annuités comprenant l'amortissement du capital et l'intérêt calculé à 4 p. %.

L'emprunteur a toujours le droit de se libérer par anticipation, soit en totalité, soit en partie.

Les 23 millions, montant du nouveau décime de guerre sur les droits d'enregistrement si onéreux à l'agriculture et à la propriété foncière, ont été supprimés à partir du 1er janvier 1858 ; et en compensation un impôt nouveau a été établi sur les valeurs mobilières.

Une loi a été rendue, dans le courant de la session législative de 1857, qui tend à fertiliser les landes de Gascogne

Il ne suffit pas, pour combattre avec succès le matérialisme dans une société, de protéger la religion et d'assurer à l'industrie agricole la prépondérance sur l'industrie manufacturière, il faut encore, selon Napoléon III, entretenir avec le plus grand soin, au sein de la nation, l'esprit patriotique et militaire. Le bien-être et la paix sont assurément, tant au point de vue social qu'au point de vue individuel, des éléments de bonheur et aussi de progrès dont on ne saurait méconnaître l'utilité et l'importance. N'est-il pas vrai, néanmoins, que trop souvent ces biens, si précieux en eux-mêmes, finissent par amollir et corrompre à la longue les sociétés comme les individus qui en jouissent ?

La guerre, au contraire, quand elle est légitime, en retour des maux sans nombre qu'elle entraîne, présente, on ne saurait le nier, un incontestable avantage : noblement soutenue, elle régénère la nation qu'elle éprouve. Le rôle que l'adversité joue dans la vie des individus, la guerre le remplit dans celle des peuples : elle est le creuset où ils retrempent leurs forces énervées par le bien-être et la paix. L'adversité rappelle les particuliers à l'esprit de famille, ce fondement de toutes les vertus privées; la guerre rappelle les nations à l'esprit de patriotisme, cette source de toutes les vertus publiques. En donnant aux peuples et aux individus une conscience plus nette de leur faiblesse , l'adversité et la guerre apprennent aux uns et aux autres à reporter religieusement leurs regards vers le ciel, dont le bien-être et la paix ont trop souvent pour effet de les détacher. La guerre de Crimée , pour prendre un exemple récent, n'a t-elle pas exercé une action de cette nature sur la société française contemporaine ?

Pour notre part , nous n'avons jamais mieux senti cette heureuse et spiritualiste influence de l'esprit militaire que le jour où nous eûmes le bonheur d'être témoin de l'entrée solennelle dans Paris de la garde impériale et des régiments de ligne arrivant du pied des remparts de Sébastopol. Spectacle d'une incomparable grandeur, qui a dû laisser dans l'âme de tout Français, assez heureux pour y avoir assisté, une impression ineffaçable, et qui nous sera éternellement cher, parce qu'il fit tressaillir d'une émotion inconnue et nouvelle notre studieuse jeunesse ! Dès le matin de cette belle journée du 29 décembre 1855, Paris tout entier s'était levé comme un seul homme pour aller au-devant des vainqueurs. La foule était si compacte sur les rues, les places, les boulevards, qui devaient former le parcours du cortége , qu'on pouvait à peine s'y frayer un passage : toutes les classes de la population en habits de fête étaient là représentées. Les maisons étaient partout pavoisées des couleurs nationales; les théâtres avaient décoré leur façade, et, de distance en distance, se dressaient des arcs de triomphe gigantesques , surmontés d'aigles aux ailes déployées et d'une couronne de laurier , avec cette inscription : *A la gloire de l'armée d'Orient !* Un beau soleil d'hiver embellissait encore de son éclat ces trophées et ces emblêmes de triomphe ; il faisait jouer ses rayons sur les plis flottants de nos drapeaux, comme s'il eût voulu sourire à cette fête patriotique. Après de longues heures d'attente, un roulement de tambours annonça sur la place de la Bastille l'arrivée et le défilé des vainqueurs. Je crois entendre le cri d'unanime enthousiasme qui s'éleva alors du sein de l'immense multitude : c'était un de ces tressaillements d'admiration et de pitié presque frénétiques , comme une mère seule peut en ressentir, quand un fils adoré lui revient , couvert de lauriers et de blessures. Ils étaient si beaux, nos guerriers, en leur marche triom-phale! La victoire se lisait si bien dans leurs regards et sur leur front rayonnant ! Mais, en revanche, la guerre impitoyable les avait frappés de coups si cruels ! Les uns portaient un bras en écharpe ; les autres avaient été amputés de quelque membre ; ceux-ci n'avaient plus qu'un œil ; il ne restait à ceux-là qu'une partie du visage ; beaucoup ne marchaient qu'à l'aide de jambes de bois ou en s'appuyant sur des béquilles. Tous portaient empreinte sur leurs traits amaigris la trace des souffrances de tout genre qu'ils avaient en-durées. La vue de tant de malheurs héroïques redou-blait encore la sympathique admiration des spectateurs. Les rangs ne tardèrent pas à se rompre , et militaires et bourgeois, entraînés irrésistiblement les uns vers les autres , se confondirent de toutes parts. C'était chose touchante de voir de pauvres vieilles mères , pleurant de joie, se suspendre au cou de leurs fils , qu'elles avaient désespéré de revoir. De jeunes femmes , mar-chant fièrement aux côtés de leurs maris , avaient voulu porter leurs armes Une avalanche de fleurs, de bouquets, de couronnes, tombait des fenêtres des mai-sons voisines, où les dames en brillante parure agitaient gracieusement leurs mouchoirs pour saluer le passage des vainqueurs. De distance en distance, citoyens et soldats étaient obligés de faire une halte pour donner cours à la mâle exaltation qu'ils étaient impuissants à contenir ; et alors une acclamation immense et éper-due sortait de nouveau de toutes les bouches ; des lar-mes d'âpre joie et de noble orgueil venaient mouiller de nouveau toutes les paupières. Quant à nous, perdu dans la foule, en voyant une ardeur aussi généreuse et aussi virile transporter cette population parisienne qui, la veille peut-être, s'abandonnait aux émotions factices et trop souvent mauvaises du théâtre, ou se ruait à des plaisirs plus indignes encore, nous ne pouvions nous empêcher d'admirer l'influence spiritualiste de la guerre sur le sentiment et l'âme des masses. Arrivé récemment à Paris, tout froissé par la vue d'une dépravation jusque-là inconnue à notre âme jeune et candide, nous renaissions, pour ainsi dire, à la vie, en présence de ce magnifique spectacle ; notre poitrine, sourdement oppressée, depuis le commencement de notre séjour dans la capitale, par je ne sais quel poids accablant, pouvait enfin se dilater et respirer à l'aise ; nous sentions avec bonheur que cet enthousiasme guerrier et patriotique, comme un courant d'air sain qui circule à travers une atmosphère corrompue, avait chassé pour un moment loin de nous les émanations impures des mœurs matérialistes de la grande cité.

Nous avons rappelé cet épisode, parce qu'il offre, selon nous, un saisissant exemple des bons effets que la guerre peut indirectement produire. Mais nous nous trompons, ce n'est pas à la guerre qu'il faut faire honneur de ces heureux résultats, c'est à l'esprit patriotique et militaire. Or, cet esprit, grâce à Dieu, n'a pas besoin de la guerre pour se conserver intact ; il peut fleurir au sein de la plus profonde paix, pourvu toutefois que l Etat fasse des efforts pour en assurer le maintien et le développement. Napoléon III a su se montrer à la hauteur d'une pareille tâche ; et une foule de mesures, prises depuis son avénement au pouvoir, sont venues témoigner de tout le prix que son gouvernement attache à la conservation du sentiment de l'honneur et du bon esprit militaire.

Le décret du 31 décembre 1851 sur le rétablissement de l'aigle ; l'institution de la médaille militaire, sorte de surnumérariat de la Légion-d'Honneur, créée par le Prince Président, surtout en faveur des simples soldats, aux termes des décrets des 22 janvier, 29 février et 27 mars 1852 ; l'article 4 du décret du 27 mars 1852 affectant le château de Rambouillet à l'établissement d'une maison d'éducation destinée aux filles ou orphelines indigentes des familles dont les chefs auront obtenu la médaille militaire ; le décret du 8 septembre

1849, portant constitution définitive de l'hospice des Orphelines de la Marine, à Rochefort ; le décret du 19 mars 1853 qui crée un corps d'infirmiers permanents pour l'armée de mer ; le vote de 2 millions 700,000 fr. le 14 décembre 1851, de provision de quart du secours, le 11 et le 21 février 1852, de 2 millions 700,000 fr., le 10 juin 1853, d'un crédit extraordinaire de 400,000 fr., le 27 octobre 1856, de 11 millions en 1857, pour secours annuels et viagers aux anciens militaires de la République et de l'Empire ; le décret du 10 août 1853 relatif au traitement des officiers nommés ou promus par l'Empereur Napoléon Ier dans l'ordre de la Légion-d'Honneur ; la loi du 26 avril 1856 sur les pensions des veuves des militaires et marins tués sur le champ de bataille ou morts des suites des blessures qu'ils y auraient reçues ; la fondation de la médaille de Sainte-Hélène, distinction accordée par l'Empereur Napoléon III, par décret du 12 août 1857, aux vieux débris des grandes guerres de la République et de l'Empire ; l'inscription, en 1856, sur les registres de l'armée, du Prince impérial, en qualité d'enfant de troupe ; le projet d'érection d'une colonne monumentale, destinée à perpétuer le souvenir des héroïques faits d'armes de l'armée d'Orient ; enfin, la promulgation, faite en 1857, d'un code pénal militaire complet : toutes ces mesures, prises par le Gouvernement de Napoléon III, ont eu pour but et pour effet d'étendre et de fortifier encore l'action du sentiment de l'honneur militaire, de développer de plus en plus au sein de la nation l'esprit guerrier et patriotique.

Mais le sentiment religieux n'est pas moins nécessaire que le sentiment de l'honneur pour constituer le bon esprit militaire. Le Pouvoir actuel l'a compris ; et, sous l'empire de cette inspiration, il a décidé, par deux décrets du 10 mars 1854 et du 4 août 1855, que des aumôniers des dernières prières seraient attachés à l'armée d'Orient, ainsi qu'aux hôpitaux établis en Orient. Le rétablissement de la Grande-Aumônerie, décrété pendant le cours de l'année 1857, est destiné à compléter et à assurer cette régénération religieuse de l'armée (1).

Une autre garantie très efficace du bon esprit militaire, c'est l'exercice et la discipline, en un mot, le travail. La plupart des vices qu'on a reprochés aux soldats doivent être surtout attribués à cette oisiveté corruptrice dans laquelle on les a trop souvent laissés croupir. Tel est le mal qu'a voulu conjurer l'Empereur Napoléon III, en soumettant l'armée, dans les plaines de Satory, de Boulogne, de Châlons, même en temps

(1) Un catholique s'est rencontré, dans ce siècle d'égoïsme, qui, sous l'inspiration du sentiment religieux et chrétien, a dévoué généreusement sa fortune et sa vie tout entière à cette grande et belle œuvre de la moralisation des soldats. Nous voulons parler de M. Germain Ville, plus connu sous le nom de *père Germain*, que lui a décerné la reconnaissance affectueuse des militaires de la garnison de Paris. M. Germain Ville est un ancien marchand qui, après avoir acquis dans un commerce d'épicerie, à Bordeaux, une fortune assez considérable, entreprit, il y a quinze ou vingt ans, de consacrer cette fortune à répandre parmi nos soldats l'instruction élémentaire, ainsi que les vérités morales et religieuses. M. Germain Ville a exercé ce noble apostolat à Bordeaux, puis à Paris. Il a fondé dans cette dernière ville, de ses propres deniers, une bibliothèque morale et religieuse, à l'usage des soldats ; il a établi en outre plusieurs écoles dans les divers quartiers de la capitale, où l'on apprend à lire et à écrire aux militaires, tout en leur expliquant le catéchisme. Vers les dernières années de la monarchie de 1830, M. Germain Ville voulant que ses chers soldats ne fussent pas privés de l'assistance au service divin, conçut le dessein de faire ménager dans chacun des forts qui entourent Paris une petite chapelle où l'on pût célébrer la messe, et demanda au Gouvernement de Juillet l'autorisation nécessaire pour mettre ce projet à exécution. Cette autorisation lui fut constamment refusée par le Pouvoir d'alors ; mais le Gouvernement de Napoléon III s'est empressé de la lui accorder ; et aujourd'hui, grâce à l'initiative de M. G. Ville, grâce aussi à la protection que le second Empire accorde aux intérêts religieux, la sainte Messe est célébrée, chaque dimanche, dans tous les forts d'enceinte de la capitale. M. Germain Ville est un grand homme de bien.

de paix absolue, au régime aussi laborieux que salutaire de la vie des camps, et surtout en décidant, par un décret du 8 avril 1857, qu'à l'avenir une partie de nos soldats serait employée à faire les travaux de terrassement dont le projet d'un réseau général des chemins de fer algériens a rendu l'exécution nécessaire dans notre grande colonie d'Afrique. Grâce à cette dernière mesure, qui rappelle, en la surpassant et en la perfectionnant encore, une des plus glorieuses traditions de l'art militaire des Romains, le soldat qui est, en temps de guerre, le défenseur né de l'agriculture, de l'industrie et du commerce, devient en outre, aux époques paisibles, le complaisant auxiliaire et l'utile pionnier de ces trois grands intérêts nationaux.

Autant l'oisiveté est funeste au bon esprit militaire pendant la durée du service, autant le déclassement auquel on avait laissé jusqu'ici en butte les soldats qu'on licenciait, est propre à éteindre ou à pervertir ce même esprit. Naguère les vétérans qui quittaient le service ne recevaient qu'une pension très insuffisante ; et comme leur âge, leurs infirmités et l'épuisement de leurs forces ne leur permettaient plus de demander au travail le pain de chaque jour, ils se trouvaient dans une situation extrêmement précaire, qui exerçait parfois la plus déplorable influence sur leur moralité. Deux lois sur les pensions civiles et sur la dotation de l'armée sont venues remédier à un aussi regrettable état de choses. La loi du 5 juillet 1850 sur l'admission dans les fonctions publiques, a réservé une proportion déterminée d'emplois aux anciens militaires des armées de terre et de mer dans tous les services publics. La loi du 26 avril 1855, en créant une dotation au profit de l'armée, a eu ce triple résultat de permettre de diminuer le poids de la conscription, d'accroître dans l'armée le nombre des anciens soldats, et d'assurer à ceux-ci, après 25 ans accomplis de service effectif, des moyens d'existence modestes. Quand cette loi fut soumise à l'état de projet au Corps législatif, dans le cours de la session de 1855, d'illustres orateurs l'attaquèrent, avec beaucoup de véhémence, comme renouvelée des

plus dégradantes traditions de la décadence romaine et
du Bas-Empire. Mais nous pensons, avec un des plus
éloquents défenseurs (1) de la loi du 26 avril, que,
quand un soldat, après une longue carrière militaire,
jouira d'une pension de 5 à 600 francs, qui lui donnera
un morceau de pain et une pipe de tabac, il n'y a pas
là matière à craindre pour l'armée les désordres qu'ame-
nèrent les prodigalités des empereurs romains.

On a dit, avec une parfaite justesse, qu'une société
façonnait toujours à son image sa littérature ; on peut
ajouter, avec non moins de raison, que la littérature
exerce une immense influence sur la société. Autant
une littérature spiritualiste est propre à moraliser et à
ennoblir une nation, autant une littérature matérialiste
peut l'énerver, l'abâtardir et la corrompre. De là vient
qu'un Gouvernement, partisan du progrès véritable et
ennemi du matérialisme, ne saurait surveiller avec trop
de soin, au point de vue de la morale publique, les
ouvrages d'esprit. Si les écrivains, qui éclairent et mo-
ralisent leurs concitoyens, méritent toutes sortes d'encouragements et d'honneurs, en revanche, les hommes
de lettres, qui pervertissent et égarent les âmes, doivent
être poursuivis et sévèrement châtiés. Ce devoir de
l'État devient plus sacré et plus impérieux encore,
quand il s'agit d'ouvrages destinés au simple peuple,
c'est-à-dire à cette classe de citoyens qui, naturellement
plus passionnés qu'éclairés, sont sujets à épouser plus
naïvement les idées qu'on leur expose, à se laisser aller
plus aveuglément aux tendances qu'un livre leur inspire. Aussi un Pouvoir, qui a conscience de sa mission
et qui tient à honneur de la remplir, doit-il exercer
une surveillance particulière et exceptionnelle sur la
littérature populaire.

Le Gouvernement de Napoléon III a prouvé de bonne
heure qu'il était profondément pénétré de ces vérités.
Une disposition de la loi du 27 juillet 1849 sur la

(1) M. Edouard Boinvilliers, dans une remarquable étude
sur les travaux du Corps législatif, publiée par la *Revue contemporaine*, livraison du 31 mai 1857, p. 751.

presse a décidé , sous les peines les plus sévères , que tous distributeurs ou colporteurs de livres, écrits, brochures, gravures et lithographies devront être pourvus d'une autorisation qui leur sera délivrée , pour le département de la Seine, par le préfet de police, et, pour les autres départements, par les préfets. De plus , une commission consultative permanente, pour l'examen des livres , estampes et écrits destinés au colportage, a été établie postérieurement et fonctionne près le ministère de l'intérieur. Tout récemment encore, un décret , rendu en date du 12 décembre 1857 , a ouvert au ministre de l'instruction publique un crédit supplémentaire de 80,000 fr., pour encouragements aux auteurs de livres et de recueils utiles à l'enseignement populaire et primaire.

Grâce à ces mesures et à la fermeté avec laquelle le Pouvoir actuel a réprimé, toutes les fois que l'occasion s'en est présentée, les outrages à la morale publique et religieuse ; grâce aussi au zèle dont la magistrature a fait preuve pour le seconder dans cette voie, la littérature populaire a été enfin assainie, et le niveau général de la moralité littéraire, si affreusement abaissé sous la monarchie de Juillet , s'est sensiblement relevé depuis le rétablissement du second Empire.

Que si nombre d'œuvres récentes manifestent encore des tendances malsaines, cela tient surtout à ce que le mouvement matérialiste , déterminé par la révolution de 1830, s'est prolongé, en s'affaiblissant, sous le Gouvernement de Napoléon III. Cette immoralité est un mauvais legs des régimes antérieurs : en rendre le Pouvoir actuel responsable serait le comble de l'injustice. N'avons-nous pas vu une réaction très significative en faveur de la morale coïncider dans l'opinion avec le rétablissement de l'ordre et de l'autorité ? Sous l'influence de cet heureux changement survenu dans le goût public (1), comme aussi dans la crainte des châti-

(1) Une amélioration parallèle s'est produite dans les mœurs, ainsi que le prouve le compte-rendu de la justice criminelle présenté à l'Empereur par M. le garde des sceaux,

ments infligés par un Gouvernement qui s'est constitué
le défenseur vigilant de la religion et de la morale, ne
voyons-nous pas, depuis quelques années, les écrivains
dont les tendances sont le moins saines, corriger ou
tout au moins couvrir d'un voile la dépravation déjà
invétérée, hélas! de leurs inspirations. Rien n'est moins
moral par l'impression dernière, le caractère général
et les tendances, qu'un roman tel que *Madame Bovary*,
qu'une comédie telle que les *Faux Bonshommes*, je suis
le premier à en convenir. Mais on m'accordera en retour
que ces ouvrages, si répréhensibles à plus d'un titre,
ont du moins cet avantage de peindre dans leur laideur
naturelle des travers, des vices dont le roman-feuilléton
de 1830 à 1848 avait fait des types de grâce et de
beauté. Il y a là, si je ne me trompe, un progrès relatif
incontestable, dû certainement en grande partie à l'influence exercée par un Gouvernement, protecteur zélé
de la religion et de la famille, sur le goût public et la
littérature.

Du reste, ce n'est point la faute du Régime actuel, si
ce souci plus grand de la vérité dans la peinture des
mœurs, dont il a le mérite d'avoir fait une nécessité aux
écrivains, n'exclut pas d'autres tendances très blâ-
mables chez des auteurs qui, bien que jeunes, n'en sont
pas moins nés à la vie intellectuelle et morale au milieu
de la dépravation léguée par des régimes antérieurs. Il
n'appartient pas à un Pouvoir, quelque puissante que
soit son influence, de créer des artistes, des écrivains,
des auteurs dramatiques de toutes pièces : vertueux ou
non, il faut qu'un Gouvernement accepte les hommes
tels que le passé les lui transmet. Tout ce qu'il peut
faire, c'est d'honorer, d'encourager dans les lettres et
les arts les aspirations spiritualistes et religieuses, de
flétrir, de réprimer, au contraire, les tendances impies
et matérialistes.

et publié dans le *Moniteur* du 28 janvier 1857. M. Rapetti a
inséré une analyse intéressante de ce rapport dans la *Revue
contemporaine*, livr. du 28 février 1857 (Voyez *l'appendice*
placé à la fin de cette étude).

Personne n'ignore que le second Empire n'a pas failli
à cette tâche. Prenons un exemple. La manie du jeu, de
la spéculation, de l'agiotage, est assurément un des plus
graves abus de ce temps-ci. Dieu sait que nous n'aimons
pas à médire des Gouvernements, quels qu'ils soient ;
pourtant la vérité nous fait un devoir de reconnaître que
les premiers scandales auxquels a donné lieu cette
passion effrénée de l'argent ne datent ni de la Présidence , ni du second Empire. Ce n'est pas un ministre
du Prince Président qui, s'adressant un jour, non point
à une réunion de travailleurs , mais à une assemblée
de bourgeois censitaires , prit pour texte de son allocution ce mot célèbre : *Enrichissez-vous*. Ce n'est pas
un secrétaire d'Etat de l'Empereur Napoléon III , qui,
compromis dans la plus ignoble affaire, se vit convaincre
de la vénalité la plus éhontée et fut condamné.

Il s'en faut donc que le Gouvernement actuel ait
donné naissance à cet abus de la spéculation , dont on
se plaint aujourd'hui avec tant de fondement. Non.
Cette fureur de l'agiotage est une mauvaise succession
que le second Empire a reçue des précédents régimes,
et qu'il a acceptée seulement, nous aimons à lui rendre
cette justice, sous bénéfice d'inventaire. N'a-t-il pas, en
effet, mis le premier un droit sur l'entrée de la Bourse ?
N'a-t-il pas supprimé, au grand mécontentement des cou-
lissiers, la petite Bourse de l'entrée du passage de l'Opéra ?
N'a-t-il pas décrété, par une loi votée dans le cours de
la session de 1857, un impôt entièrement nouveau sur
les valeurs mobilières, qui s'étaient jusqu'ici soustraites
à toute charge publique ? N'a-t-il pas voulu empêcher,
en rendant la loi du 17 juillet 1856 sur les sociétés en
commandite par actions, l'immixtion compromettante
des hauts fonctionnaires dans les entreprises indus-
trielles ?

Non content de faire la guerre à la spéculation dans
les actes et la vie pratique de chaque jour, en prenant
à cette fin les mesures législatives que nous venons de
rappeler , le Gouvernement actuel n'a négligé aucune
occasion de montrer qu'il n'était pas moins disposé à
combattre cette passion funeste dans les idées, dans les

mœurs et aussi dans la littérature, expression des unes et des autres. Voici, par exemple, qu'un esprit honnête et généreux, un écrivain formé à l'école de nos grands poètes classiques du XVIIe siècle, fait jouer une comédie où il flétrit parfois avec éloquence l'idole du jour; et aussitôt l'Empereur, après avoir honoré de sa présence la première représentation de cette pièce, prend la peine d'écrire lui-même à l'auteur une lettre (1) élogieuse, pour le féliciter de son œuvre comme d'un acte de patriotisme. Quelque temps après, un savant et éloquent magistrat entreprend à son tour, dans un livre où respire la plus noble indignation, de flétrir, de stigmatiser le vice à la mode, et Napoléon III s'empresse d'accorder à cet ouvrage la même approbation publique et flatteuse qu'à la comédie de *la Bourse*.

Le Gouvernement de Napoléon III a donc fait tout ce qui était en son pouvoir pour combattre un matérialisme malheureusement déjà enraciné dans la littérature et dans les mœurs. C'est aux écrivains appartenant à la jeune génération littéraire qu'il appartient de le seconder dans cette difficile, mais noble tâche. Puissent leurs efforts, réunis à ceux du Pouvoir actuel, donner enfin à la France une richesse qui lui a jusqu'ici manqué, bien que le progrès des lumières la rende tous les jours plus indispensable, je veux dire une saine littérature populaire!

(1) Voyez dans le *Moniteur* du 29 juin 1856 cette lettre qui est datée du palais de Saint-Cloud le 15 juin 1856.

APPENDICE.

EXTRAIT du Compte-général de la justice criminelle pendant l'année 1855, présenté à l'Empereur par Son Exc. le Garde-des-Sceaux, ministre de la justice.

Le compte général de la justice criminelle, que j'ai l'honneur de soumettre à Votre Majesté, présente le résumé des travaux de la magistrature pendant l'année 1855. En même temps qu'il expose le mouvement de la criminalité en France pendant cette année, il montre comment les magistrats se sont appliqués à réprimer toutes les infractions à la loi.

En mettant sous les yeux de Votre Majesté, au mois d'avril dernier, le compte général de l'année 1854, je m'applaudissais de n'avoir à lui signaler, au milieu des épreuves si difficiles qu'une double récolte insuffisante venait de faire peser sur la population, qu'un accroissement très peu sensible dans le nombre des crimes et des délits; tandis qu'antérieurement, et notamment en 1840 et en 1847, des circonstances analogues avaient déterminé une augmentation considérable.

Le compte de 1855 offre des résultats bien plus satisfaisants encore.

Pendant cette année, en effet, malgré la prolongation de la crise alimentaire, devenue plus intense en raison même de sa durée, les crimes déférés aux Cours d'assises ont diminué de 13 p. %, plus d'un huitième, comparativement à 1854, et les délits soumis aux tribunaux correctionnels de 8 %.

Cependant la surveillance de la police judiciaire ne s'est point ralentie. Elle a reçu, au contraire, depuis trois ans, une impulsion nouvelle par la création de nouveaux agents auxiliaires sur divers points où la sécurité des personnes et des propriétés n'était point suffisamment garantie.

Il a donc été bien réellement commis moins de crimes et de délits, en France, pendant l'année 1855, que pendant les années précédentes, quand tout devait faire craindre une augmentation.

Les résultats que je viens d'énoncer seront mis en évidence dans l'exposé que j'aurai l'honneur de présenter à Votre Majesté des travaux de chaque degré de juridiction.

Les cours d'assises ont jugé 4,798 accusations contradictoires en 1855. Elles en avaient jugé 5,525 et 5,440 en 1854 et
en 1853, et 5,340 et 5,287 en 1852 et en 1851.

Il résulte des statistiques publiées de 1826 à 1855 que le
nombre annuel des accusations contradictoires a toujours dé-
passé 5,000, excepté en 1848 et en 1849, où il avait été de
4,632 et de 4,910.

Si la première de ces deux années en comptait un peu
moins que 1855, c'est que le cours de la justice avait été
pendant quelques semaines fort ralenti, sinon suspendu ; et
d'ailleurs le nombre des accusés a été, cette même année, bien
supérieur à celui de 1855.

Le nombre des crimes les plus graves, tels que l'assassinat,
le meurtre, l'empoisonnement, est resté stationnaire, c'est-à-
dire bien plus faible en 1854 et en 1855 qu'il ne l'avait été
de 1851 à 1853.

Il en est de même de tous les crimes contre les personnes,
même des attentats à la pudeur, dont le nombre, de 1826 à
1850, n'avait pas cessé de s'accroître

Les crimes contre les propriétés, à l'exception des faux et
des banqueroutes frauduleuses, ont subi une diminution très
notable. Les incendies ont diminué de près d'un quart
(24 %), et les vols qualifiés de plus d'un cinquième (21 %).

Cequi prouve que les cours d'assises n'ont point été des-
saisies, en 1855 plus que les années précédentes, de la con-
naissance des vols qualifiés au profit de la juridiction criminelle, c'est que le nombre des vols simples soumis à cette
dernière juridiction a aussi diminué.

Les 4,798 accusations contradictoires jugées en 1855, com-
prenaient 6,480 accusés, nombre inférieur de 205 à celui de
1845, qui a été le plus faible que les statistiques judiciaires
aient constaté depuis 1826.

Le total de 1855 est inférieur de 1,076 (14 %) à celui de
1854.

Le nombre des accusés a été, en France, malgré l'accroissement de la population, un peu moins élevé de 1851 à 1855,
qu'il ne l'avait été de 1826 à 1830.

Le nombre des condamnations à mort a diminué de près
d'un quart comparativement à 1854.

Pendant l'année 1855, les 361 tribunaux correctionnels ont
jugé ensemble 189,515 affaires, comprenant 234,363 prévenus.

Ces 189,515 affaires se divisent en 127,574 affaires de délits
communs, et 61,914 affaires de contraventions fiscales ou
forestières.

Fr 1854, les mêmes tribunaux avaient rendu 132,306 jugements définitifs, en matière de délits communs, et 74,398 en matière de contraventions fiscales ou forestières ; ensemble, 206,794.

Il y a donc eu , en 1855 , une diminution de 17,279 , plus de 8 /°₀ dans le nombre total des affaires jugées.

Ainsi, diminution du nombre des crimes et des délits dans des circonstances qui auraient sûrement amené une augmentation, si la sollicitude du Gouvernement impérial, secondée par la charité privée , n'avait prévenu les excitations de la misère ; en second lieu, nouveau progrès dans le raffermissement de la répression, affaiblie jusqu'à l'impuissance pendant les années 1846 à 1850 : tels sont les résultats que constate ce compte général de la justice criminelle pendant l'année 1855.

EXTRAIT du Rapport présenté à l'Empereur par S. Exc. le Ministre de la justice , concernant l'administration de la justice criminelle pour 1856.

Sire,

J'ai l'honneur de présenter à Votre Majesté le compte général de l'administration de la justice criminelle pour l'année 1856. Les espérances que mon regrettable prédécesseur exprimait dans son rapport du 15 décembre 1856 se sont en partie réalisées.

Malgré la prolongation de la cherté des subsistances , les cours d'assises et les tribunaux correctionnels ont eu à juger moins d'accusés et de prévenus qu'en 1855.

L'abondance de la récolte de l'année permet de prévoir pour 1857 une amélioration plus sensible.

Pendant l'année 1856, les cours d'assises de nos 86 départements n'ont eu à juger contradictoirement que 4,535 accusations. Elles en avaient jugé 4,798 en 1855 , et 5,525 en 1854.

La diminution de 1856 sur 1854 est de 990 , soit 18 °/₀ : près d'un cinquième. Et si l'on compare 1855 à 1856 , on trouve 263 affaires de moins cette dernière année : un peu plus de 5 °/₀. La réduction porte exclusivement sur les accusations de crimes contre les propriétés, dont le nombre est descendu de 4,462 à 4,016.

Le nombre des accusations de meurtre , d'assassinat et de parricide n'a pas varié , et celui des accusations d'empoisonnement a diminué.

Le nombre des accusés jugés en 1856 a diminué comme celui des accusations.

Il n'y en avait que 6,124 impliqués dans les 4,535 affaires

jugées contradictoirement cette dernière année , tandis que leur nombre s'élevait en 1855 à 6,480 ; soit 356 de plus en 1855.

Le tableau qui suit fait connaître quel a été : 1° le nombre moyen annuel des accusés jugés de 1826 à 1855 ; 2° leur nombre réel pendant chacune des années 1851 à 1856. Les deux dernières colonnes donnent la division proportionnelle des accusés, eu égard à la nature des crimes.

PÉRIODES.	NOMBRE RÉEL des accusés jugés contradictoirement pour des crimes contre		NOMBRE PROPORTIONNEL sur 1,000 des accusés jugés contradictoirement pour des crimes contre	
	les personnes.	les propriétés.	les personnes.	les propriétés.
Nombre moyen annuel de { 1826 à 1830. . .	1,824	5,306	256	744
1831 à 1835. . .	2,571	5,095	318	682
1836 à 1840. . .	2,153	5,732	273	727
1841 à 1845. . .	2,186	4,918	308	632
1846 à 1850. . .	2,439	4,992	328	672
1851 à 1855. . .	2,353	4,751	331	669
Nombres réels des années { 1851.	2,773	4,298	393	607
1852.	2,487	4,609	351	649
1853.	2,403	4,914	328	672
1854. . . . . . , .	2,085	5,473	276	724
1855.	2,018	4,462	311	689
1856.	2,108	4,016	344	656

La diminution qui s'est produite en 1856 dans le nombre total des accusés jugés par les cours d'assises (6,124 au lieu de 6,480 en 1855) s'est étendue à la plupart des départements. En effet, dans cinquante, il a été jugé moins d'accusés en 1856 qu'en 1855 ; dans deux, il y a eu le même nombre. Dans trente-quatre, au contraire, il y a eu augmentation; mais cette augmentation est presque nulle dans quatorze, et n'atteint 20 °/₀ que dans vingt départements.

La faiblesse relative des nombres appartenant à l'année 1856 s'explique par la diminution du nombre des accusés, qui a été inférieur de 356 à celui de 1855 ; l'absence de condamnations à la déportation et à la détention est due à ce que ces deux peines s'appliquent exclusivement aux crimes politiques et à ce qu'il n'a pas été jugé en 1856 de crimes de cet ordre.

Les 261 tribunaux correctionnels, qui, en 1855, avaient jugé 189,515 affaires, comprenant 234,363 prévenus, n'ont jugé que 181,610 affaires et 225.561 prévenus en 1856.

Ainsi, cette dernière année présente une diminution de 7,905 affaires et de 8,802 prévenus sur la précédente : c'est environ 4 °/₀. En 1855, il y avait déjà eu une diminution, comparativement à 1854, qui dépassait 8 °/₀.

Les 181,610 affaires correctionnelles jugées en 1856 se divisent en délits communs 126,194, et en contraventions forestières ou fiscales, 54,916.

La diminution a porté sur les deux catégories d'affaires; mais, de même qu'en 1855, elle a été beaucoup plus forte sur la dernière que sur la première.

Le nombre des contraventions aux lois sur les forêts déférées aux tribunaux a diminué d'un tiers, de 1852 à 1856.

Les délits de mendicité, de vol simple et de chasse ont aussi diminué d'une manière sensible.